“撞”上青春期学生，怎么办？

呼宝珍　著

中原出版传媒集团
中原传媒股份公司

大象出版社
·郑州·

图书在版编目(CIP)数据

"撞"上青春期学生，怎么办？/ 呼宝珍著.— 郑州：大象出版社，2020.10
ISBN 978-7-5711-0486-3

Ⅰ.①撞… Ⅱ.①呼… Ⅲ.①青春期-心理健康-健康教育 Ⅳ.①G444

中国版本图书馆 CIP 数据核字(2019)第 282217 号

"撞"上青春期学生,怎么办?

"ZHUANG" SHANG QINGCHUNQI XUESHENG,ZENMEBAN?

呼宝珍 著

出 版 人 汪林中
责任编辑 梁金蓝
责任校对 陶媛媛 张绍纳
装帧设计 王晶晶

出版发行 大象出版社(郑州市郑东新区祥盛街 27 号 邮政编码 450016)
发行科 0371-63863551 总编室 0371-65597936
网 址 www.daxiang.cn
印 刷 北京汇林印务有限公司
经 销 各地新华书店经销
开 本 720 mm×1020 mm 1/16
印 张 15.5
字 数 171 千字
版 次 2020 年 10 月第 1 版 2020 年 10 月第 1 次印刷
定 价 39.00 元

印厂地址 北京市大兴区黄村镇南六环磁各庄立交桥南 200 米(中轴路东侧)
邮政编码 102600 电话 010-61264834

经营班级之道（代序）

这本书，我很熟悉，从作者动念到大纲问世，再到初稿杀青，我是见证人之一。

这位正在拔节，而且逐渐站上高位的中原名师——呼宝珍，我却从未谋面，只是通过鼠标的点击，才时时听见那头一回回、一阵阵悦耳的拔节声。

其实，这个河南省首届“最具影响力班主任”也是从一个“大孩子”起步的。她初当班主任时，也曾“趴玻璃”窥视学生，侦查“刺儿头”们的“罪状”，拘泥于那种基于“秘密信息的班级管理”；也曾困于是“向左”进入教育，还是“向右”只顾自己“行走”……不同的是，就在她一次次“撞”上青春期的学生时，她没有一“撞”就过，而是选择了对这些“撞”的不断质疑：“撞”上谁了？为什么会“撞”上？“撞”上后发现了哪些教育契机？又获得了哪些能促使自己专业化成长的收获？……

不停地质疑，一次次倒逼着她钻进书籍和博客，与苏霍姆林斯基、阿莫纳什维利、雷夫、帕尔默、佐藤学、魏书生、王晓春、李镇西等教育大师对话，经此才发现：自己这个班主任原来忽视了学生是一个个“独立的人"，自己一厢情愿设置的班级管理岗位为什么不被学生喜欢……也突然领悟到：与学生在成长的激流中互动时为什么需要一个"稳固的落脚点"，不然不仅不能给学生以帮助，甚至自己也可能跌进横流，被大浪冲走。

众所周知，班主任是挺立在教育最前沿的指挥官，"该做什么"比"能做什么"更重要。

班主任该做什么呢?

呼宝珍老师在思考，她开始给"个性化的班主任"确定边界，试图把自己从班级的琐碎中解放出来，把班级还给学生，让学生"人人有事做，事事有人做"；接着她又启发学生，怎样把班级运营起来，并在不断的跟进中观察，哪些班级事务同学们会处理?哪些会出问题?就这样，一个"大孩子"开始在班级搞调研，倾听青春期学生们的心声，发现自己的"失手"，校正自己的错误。

是人就会犯错误，作为引导学生的班主任也不例外，何况还要经常邂逅让许多班主任都发怵的"青春期"乃至"早恋"等问题。犯错误并不可怕，犯了错误，只要认真反思并迅速爬起来，错误就会改正。在教育实践中区别优秀和平庸的关键，不在于他是否犯过错误，而在于他如何对待已经犯了的错误……善于把教育失误变成教育财富的，是智者；这种"善于变成"也是任何一个教育者从普通教师走向教育专家乃至教育家最基本、最关键的过程。

呼宝珍老师在实践中学习怎样安顿生命中的痛感，并在"痛"的地方催生出更加成熟更加实用的教育智慧。为了这种催生智慧，她朝着自己的灵魂深处高声呐喊，甚至一次次拿起解剖刀，毫不留情地解剖这个自己设计的"个性化"。

难题就是课题。只要是切中要害的课题，就要全身心投入研究。她没有犹豫，没有等待，高举着“以生为本”的旗帜，沿着“以思想引领班级、以文化提升品位、以自律成就自我”的教育道路，开始深化“自主管理、自我教育、自我发展”的班级教育实践，逐渐完善“自律养成”“青春期教育”的理论架构……希冀培养学生的自律性，也希冀自己尽快成长。就是在这种相互依存的希冀中，我听到了一个“大孩子”向“合格的班主任”发展的拔节声。

她说，班主任不但要有规划意识，还要有把规划变成教育的执行力，更要有把活动、事件、资源变成“班本课程”的整合能力。为此，她从学生的自我规划与管理、道德言行的自我控制、校规校纪的自觉遵守、学生日常生活的自我管理、青春期自我行为的规范等方面着手践行，引导自己的班级构想慢慢进入深水区，实现对学生的预设性引领。

个性化的班主任是值得尊重的，班主任的个性化是令人佩服的。呼宝珍老师觉得“问题学生”是“学生问题”没有及时得到关注，在较长时间内不能解决，逐渐积聚、发酵、激化，而在个别学生身上集中爆发所导致的。“问题学生”的问题，不是天生的，它的形成与许多因素密切相关。解决学生的问题，我们只有从源头入手，才能治本。而这种治本性教育，没有信心、没有爱心、没有耐心不行，没有师生心灵之间的相撞、相知、相谐、相温更不行。呼宝珍老师所做的，就是将自己化作无数青春期学生的心桥，并将他们引向成功的彼岸。我发现这一阶段的她，已经开始步出班级教育的高原，朝着前面的高峰迈进，她成长、发展的拔节声，更加清脆、激昂，甚至带有享受教育的大美乐音！

蜘蛛不会飞，但它照样结网空中。她说：“即便自己做不了天鹅，也要做一只蜘蛛，为教育生命结一张凌空之网。”

她就在教育的长河里，不断邂逅一个个陌生的青春，也在这些似曾相识的相撞中不断反思、不断探究，从而发现自己、校正自己、提升自己。

这本书就是呼宝珍老师从初涉到深恋班主任这一改版升级过程中的教育诉求，也是一部拔节乐声集。

读着这些诉求，听着这些拔节声，我一次次被感动，也一次次被提升。我想，呼宝珍老师的教训或经验，不一定适合每一位班主任，但她所讲的故事，面对问题时所做出的选择，以及她借助现代信息技术所进行的课程整合，却是可以借鉴的。

“苔花如米小，也学牡丹开”。“学牡丹”，是一种难得的专业化成长，也是一种最可贵的生命呈现，其中拔节声也许极其微弱，但是拔节过程依然是发展中最好的自我享受。要知道，最美的班级教育就是师生共同享受这一教育过程。

“撞”上青春期学生，怎么办？窃以为，作者呼宝珍——一位新锐的班主任在这里不仅解答班级教育的问题，也解答班主任自我成长的问题，更是将自己的拔节韵化成美丽的天籁，值得一听，值得一读，值得一试，值得一品，值得一藏。

彭敦运

目 录

第一辑　我的青春也迷失

疼痛是伤，它往往会成为一个人颓废的理由。学会安顿生命中的“痛”感，并在“痛”的地方生长出个人的智慧。

第二辑　“撞”上青春期的学生

了解了生命诞生的神奇，知晓了生命成长的不易，带着成长的喜悦和好奇，悄然间，学生已经走进了青春的花季……

第三辑　寻找点亮青春的力量

教育的使命是发现和唤醒每一个学生。面对青春期问题多多的学生，如何引领他们走出青春的迷茫？

第四辑　走进青春的心灵

青春的心域很广阔、很深邃，读懂、走进青春的心灵，是一件极其艰难的事情，而我，有幸窥探到了一角。

第五辑　拓展青春期成长的内涵

班级是人的聚合地，是青春心灵的栖息地，青春的“蜗居”虽小，却会聚着一群懵懂少年的诗意和远方。

第六辑　行走在教育的春天里

教育是一种影响，是用生命润泽生命、以智慧启迪智慧的活动。班主任的影响力，可以触及教室的每一个角落，延续到学生的未来生活。

第一辑　我的青春也迷失

人不怕犯错误，犯了错误，如果能带着教育和反思爬起来，错误就会成为课堂。

——莫言

还记得我第一次做班主任，是在1997年的春天。做了四年中学数学教师的我，刚休完产假回到校园不久，就遭遇了所任教班级班主任辞职的状况。学校领导在无奈的情况下，就来找我谈话，要我在做好两个高一班级数学教学工作的同时，能承担起一个班级的班主任工作。于是，严重缺失班级管理经验的我，就这样在猝不及防中，第一次中途接手了一个班的班主任。

而彼时的我，也是刚从自己的青春岁月中走过，既不知道自己该怎样走近这些青春期的学生，也不懂得如何与这些青春期的学生进行有效的沟通。于是，我在懵懵懂懂中开启了自己初为班主任的成长历练岁月。回望自己走过的班级管理之路，可谓是跌跌撞撞。

幸福向左，我曾向右

疼痛是伤，它往往会成为一个人颓废的理由。学会安顿生命中的“痛”感，并在“痛”的地方生长出个人的智慧，是我由痛苦、迷茫走向幸福的班主任工作的秘笈。

——题记

偶然，我在南京师范大学冯建军老师的《生命与教育》一书中读到过这样一段话——

一次，在给南京师大的师范生上公共教育学时，曾让 180 名南京师范大学的本科生，回忆自己的中小学时代，并记述发生在自己身上的一件或几件事情，说明一个老师优秀或不良的品质。其中，75% 以上的学生选择了写他所痛恨的老师，有的同学甚至在文中写道：“以前，我总是虚伪地赞美老师，这次我终于可以说实话，来声讨我的老师了。”

当读到“75% 以上的学生选择了写他所痛恨的老师”时，我的心狠狠地痛了一下，75% 是怎样的一个百分比？虽然我们不能因为有 75% 以上的学生选择写他所痛恨的老师，就因此得出“有 75% 以上的老师是不合格的”错误结论。但是，它至少反映了在学校教育中，我们教师群体中有 75% 的人，都曾存在着这样或那样的失误，都曾有意无意地伤害过学生。

反观自己一路走过的教育历程，我不禁有一种如履薄冰的感觉，其实，这 75% 之中又何尝没有自己？

曾经迷失

1997 年春天，做了四年中学数学教师的我，中途接手了一个艺术班的班主任工作。从此，我在一间小小的教室里，开始演绎我与青春期学生或精彩或糟糕的故事。

记得有人曾这样调侃说：“世界上有两种动物会趴玻璃，一种是壁虎，一种是班主任。”这话虽然说得不够厚道，却也道出了很多想做好班主任工作却又找不到方法的老师的一种很真实的工作状态。初当班主任的我，其实就是一个经常会“趴玻璃”的班主任。还记得那时的我，只见分数不见人，并且还与青春期的“问题学生”较上了劲。教室内，语文教师激情飞扬；教室外，我晃来晃去，并不时通过后窗向内窥视，以便能“侦查”到更多“刺儿头”学生的学习状况。

曾经的我，像个消防员，班级哪里有问题我就扑向哪里，但是班级常常是这边按下葫芦，那边又起了瓢。曾经的我，像个高级演说家，更像个批评家，在与青春期学生的“激流搏斗”中，我总是不忘及时跟进许多教育的大道理。曾经的我，还像个专业的警察和侦探，为了能帮学生找到丢失的钱，在教室里对同学们大发雷霆，滔滔不绝地对同学们大讲特讲做人的道理，并不时用审视的目光“扫荡”着班中的每一个学生，甚至不惜动用在公安局上班的朋友，让穿着警服的朋友给学生讲道理。虽然，我费尽心机，努力地去帮学生侦破“丢钱案”，遗憾的是，10 多年的班主任工作生涯中，我既没有能力为学生找回丢失的钱，无意之中还给个别学生的身心造成了极大的伤害。

曾经的我，像个保姆，跟紧学生，守住班级，但学生似乎并不领情。自习课上，我在班里不敢离开，只因“我在班级和不在班级”是两个截然不同的状况。为了能时时“盯”住班级，不留空隙地约束学生，我开始在班级设置大量的能发现问题、反映问题的班干部。我企图利用班干部进行“围”“追”“堵”“截”，把全班同学的在校时间统管起来。

于是，到办公室反映问题的学生开始络绎不绝，班级的很多问题也都被捕捉出来。一时间，教室里充满了“火药味”，人与人之间的关系开始变得紧张，班级矛盾也在不断升级！——

“老师，某某班干部很不称职。就拿今天上午处理某件事情来说，是典型的公报私仇！”

“老师，凡是名字列在纸上的这几个同学，是典型的‘刁民’，尤其是某某。”

“老师，这几个‘刺儿头’的问题，您得亲自出马，我们管不了！”

…………

事必躬亲，盯紧学生，设置很多管理岗位——和明朝的锦衣卫有何区别？班级，人人自危，以“揭发”同学存在的问题为能事，并不同程度地留下了“特务组织”的痕迹。

这就是我初当班主任时的工作状态，那是一段不堪回首的心酸岁月，也是一段痛苦纠结艰难成长的岁月，更是一个无助的教师领着一群青春期学生相互折磨的成长过程。

为此，我身心疲惫、痛苦不堪……

生长智慧

一个真正的教育者，不是没有失误，而是他总会从失误中汲取新的前进的力量。几乎可以这么绝对地说，任何一个教育者在其教育生涯中，都会犯这样或那样的错误。区别优秀教育者和平庸教育者，不在于教育者是否犯错误，而在于他如何对待已经犯了的错误……善于把教育失误变成教育财富，这是任何一个教育者从普通教师走向教育专家乃至教育家的最关键的因素之一。

偶然，在李镇西老师的《走出教育的误区》一文中，我读到了这段话，也让我找到了让自己走出痛苦、迷茫的信心。

“学会安顿生命中的痛感，并在‘痛’的地方生长出自己的教育智慧。”我向自己的灵魂深处发出了呐喊！如何让自己从繁杂的班级琐碎中突围？如何陪伴学生的成长，实现真正的走进？如何最大限度地降低自己的失误，减少对学生的伤害？

我陷入了深深的思考之中。

“见得道理透后，从高视下，一目了然。”朱熹的话给了我解决问题的智慧启迪。为了到达“高处视下”的境地，我开始了近乎疯狂的阅读，苏霍姆林斯基、阿莫纳什维利、雷夫、帕尔默、魏书生、王晓春、李镇西、陈宇、郑立平、万玮、梅洪建、陈晓华等名师的著作、博客，陆续进入我的阅读视野。

与智者对话，我找到了自己的问题所在：其一，我天天守住班级，跟紧学生，是为了“看住”学生，但我忽视了学生作为“独立的人”的存在，从而使我的实践偏离了学生管理的轨道。其二，我设置的班级学生管理岗位，是在不了解学生的基础上完成的。我分配给学生的岗位也是凭借自己的主观臆断，这些都不一定是学生喜欢和擅长的。这样的管理，无论是论证还是执行，都不完善，班级不出问题才怪。 其三，我的思维总是定位在班级应该“有班主任在”的情形，那么，只要有班主任在，势必会出现班主任“在教室和不在教室”的两种管理状态。其四，我与青春期“问题学生”的“交锋”，就像与激流搏斗一样，我不懂得为自己寻找一个稳固的落脚点。游泳高手都知道，遇到横流时，要停止搏斗，他们知道自己无法通过与激流搏斗游上岸，而应随着水流漂浮，直到找到一个稳固的立脚点。

“在教育当中，班主任能做的事情很多，但我该做什么比我能做什么要重要得多。”于是，我开始给自己的班主任工作确定一个边界，我试图把自己从班级管理的琐碎中突围出来，并尝试把班级还给学生，让学生“人人有事做，事事有人做”。

接着，我又进一步思考：如果我把班级还给学生，学生们会怎样把班级运作起来？哪些事务他们会处理得很成功？哪些事务的处理会出现问题？于是，我开始在班级搞调研，倾听学生的心声。很快，学生就把情况汇总上来了。根据同学们的情况分析，我及时调整自己的班级管理思路，并开始实行。

有一次，我因有一场中学数学教师培训讲座，有三天时间不在学校。如果我不在学校，班级工作怎么有序运作？周五下午第三节的班会课怎么组织？选什么主题？谁来主持？这些问题我都尝试放手交给学生，让学生自己先筹划一番，然后我再帮助处理一些难以解决的问题。

结果，我三天不在学校，班级运转良好——出乎意料！

彼岸花开

“阅读，是灵魂的修行；思考，是生命的拔节放歌。”阅读思考中，我渐渐明白了“班主任的本位坐标，是摆正自己的位置，成全生命的成长，给学生搭建一个自主成长的舞台，让每个生命都能够在这个平台上得到舒展！”

2006年春天，在教师进修学校，我脱开师者的角色，真正“以一个人的态度”重新面对“一群人的成长”。接手艺术班，我遭遇了很多的教育困难：艺术生缺少自律性，学习成绩较差，思想另类、“叛逆”和“早恋”者居多。难题就是课题，我别无选择，只能全身心投入了。

于是，我“以生为本”“以思想引领班级，以文化提升品位，以自律成就自我”，把班级还给学生，让学生实行“自我管理、自我教育、自我发展”，并依托“自律养成”“青春期教育”等系列主题班会，培养学生的自律性，拓展、延伸青春期学生成长的内涵。

班主任不但要有规划意识，还要把规划通过一系列的主题教育活动落实和显现，更要有一种课程整合能力，要密切关注每一次主题活动的教育性、系统性与稳固性，并把这三性整合成“班本课程”。

为此，我从学生的“自我规划与管理”“道德言行的自我控制”“校规、校纪的自觉遵守”“日常生活的自我经营”“青春期自我行为的规范”等几个方面来践行自己的构想，开发出属于自己的“班本课程”，从而设计出了“自律养成——自己教育自己”“我的青春我做主”等系列教育主题班会，并结合社会、学校发生的一些与学生生活息息相关的事例，依托班级主题活动、学生自我分析及学校、班级制度的规范等，对学生的成长进行预设性的引领。

例如：我的“自律养成——自己教育自己”系列主题班会

主题一　道德规范

1. 我骄傲，我是班级的一员

2. 我是独一无二的存在

3. 让班级因我的存在而美好

4. 无人的地方看出真美德

主题二　明辨是非

1. 用“明眼”辨别真伪

2. 用“慧心”区分善恶

3. 用“慧脑”识别美丑

主题三　生活自理

1. 家庭：自己的事情自己做

2. 学校：我的未来我规划

3. 网络：我的网络我当家

4. 财务：我的财务我经营

主题四　行为自律

1. 迈好青春每一步

2. 我的未来我做主

3. 我是优秀中学生

4. 做个自律自爱的人

主题五　学习自强

1. 学习态度大家谈

2. 我喜欢的学习方式

3. 自我分析，学会反思

4. 自我努力，提高学习成绩的保证

再如：我的“青春期教育”系列主题班会

主题一　情绪管理

1. 我的情绪能自控

2. 我与叛逆不相约

3. 不用激烈的手段去抗争

4. 会用合适的方式表诉求

主题二　行为规范

1. 我是优雅女生

2. 做个绅士男生

3. 男女交往大家谈

4. 花季，我们如何相处

主题三　学业爱情

1. 感悟青春

2. 相逢在花季

3. 我的青春我做主

4. 学业、爱情我来谈

经过一个学年的研究、探索、实践，我的班级出现了前所未有的变化。学生自主意识增强，学习成绩大幅度提升！“老师在和不在”一个样，班级进入了和谐、高效的运转快车道。

2012 年 9 月，我到郑州参加为期三天的数学优质课大赛。临行前，学校领导问我：“三天的赛事加上两天的路途，你五天不在学校；五天，你觉得需要给你们班安排一位临时班主任吗？”

我说：“不用，我们班同学能管好自己。”

同行的另一位老师说："你要想好了，你们班可是艺术班，你将有五天时间不在学校哦。"

我笑笑说："放心！我不在，我的学生会表现得更好！"

三天的赛事，我全身心地投入。晚上，不时有同学发来短消息，汇报当天的班级状况——一切安好。班长，更是每晚10点准时播报："老师，放心，班级一切井然！全班同学——比您在学校时更好，期待您的凯旋！"

比赛结束，我获得了河南省数学优质课一等奖，带着满心的喜悦回到了熟悉的校园。

几位老师一见到我，就夸奖说："你不在学校的这一周，你们班同学表现很好！"

走进教室，迎接我的除了热烈的掌声，还有班级的井然有序！

霎时，幸福溢满了心间……

回想自己从最初的蹒跚起步，到今天的步履从容；从对"在教室和不在教室两种状态"的难题求解，到今天的自律自为、幸福放飞；从回到原点、探究思考，到科学规划、自律养成……我走过了一段曲折的探究之路。

正是有了当初的困惑和思考、痛苦和迷茫，才有了我的"自律养成"和"青春期系列主题教育活动"；正是有了不断的艰难探索，才使我的班级进入高效运行的快车道，各科基础都很差的艺术生，迈出校园时，却成了艺术类高校欢迎的优等生；也正是有了学生的优秀、班级的成长，才有了家长、学校及社会各界对我的广泛认同。

花树繁茂

“蜘蛛不会飞翔，但它照样把网结在空中，我虽然不是天鹅，也要做一只蜘蛛，为教育生命结一张凌空之网，为自己画出一片生命的绿叶。”这是很多年前，我在教育日记中写下的一段话。

成长是生命的诉求，我知道，自己不是天鹅，充其量只是一只丑小鸭，既没有可以飞翔的翅膀，也没有可以乘凉的大树，但是不甘平庸的我，还是在不断的教育行走和痛苦迷茫中，寻找着一切可以改变自我、突破自我的机会。

2012年3月2日，我有幸在郑州警察学院报告厅聆听了山东郑立平、南京陈宇、武汉桂贤娣、苏州梅洪建等老师的讲座，他们的教育故事，深深地触动了我做教育的那颗柔软的心。没想到的是，他们也曾经和我一样，有过初为班主任的痛苦和迷茫，也有过不堪回首的成长岁月，但是他们在各自的挣扎中破茧成蝶，走出了属于自己的精彩！

郑州归来，我重新审视自己、定位自己，我要开启一段崭新的教育之旅！我要重新书写我的教育人生！于是，“有风的日子我随风起舞，没风的日子我开始品茗静思”。

阅读和写作，成了我在数学课堂之外的另一种修行。阅读，是为了提升自我；“写作，是为了寻找和确认”（陈希米：《让“死”活下去》）。而我也在持续的阅读和写作中寻找着自己的教育故事，确认着我对教育的理解，虽然肤浅，但表达的是我对教育的一片深情。

坚守文字，对人的意志是一种考验，尤其是像我这样的数学老师，更是一种困苦的考量。虽然，用文字表达自我，对于我来说，行走得有点艰难，值得庆幸的是，我一直坚持行走在路上。

于是，便有了《当期待遭遇冷落时》《教室有场、座位有情》《我与醉酒学生智慧同行》《当手机遭遇校规时》《行走在教育的春天里》《别和青春期的学生较劲》《在悦纳中规范学生的行为》《创意，擦亮了家长会》《不在教育的下游抗洪救灾》《为人师表胜于打成一片》《班本课程诞生记》等文章在《人民教育》《北京教育》《河南教育》《江苏教育》《新班主任》《教育时报》《中国教师报》等报刊发表。

文字是一种力量，可以直抵学生的心灵。教育一旦走进了学生的内心，让他们有了共同的愿景，就不再需要那么多的捆绑和压制。于是，我与学生、家长的沟通交流也开始以这种浪漫的方式行进，很多教育中的棘手问题开始在我的白纸黑字中迎刃而解，我也在电脑码字的过程中，抵达了教育的深处，并在这样的持守中开始一路放歌，一路收获！

一路芬芳

冰心曾说：“爱在左，情在右，走在生命的两旁，随时撒种，随时开花，将这一径长途，点缀得花香弥漫。”“教育在左，行走在右”，走在生命的两旁，我也在播种、在弥漫、在芬芳。由于很多人对我的班级的关注和欣赏，2011 年夏天，我开始踏上班主任培训的舞台，以自己的智慧去影响、带动更多的老师。

2012 年 7 月，一位网名为“凤舞云霄”的老师，在听完我的“做智慧而又幸福的班主任”的讲座后，开通了她的博客，并写下了她的第一篇博文——

一直相信勤能补拙，并把它作为信条来执行，可一年又一年，怎么都不出成绩，在我都要怀疑自己没有能力胜任初中班主任时，我遇到了呼老师，她精彩的讲座、执着的教育追求、智慧的班级管理，给我带来了心灵的震撼，触痛了我日渐麻痹的神经，感谢呼老师带给我的智慧启迪。

2014 年 12 月 4 日晚，甘肃的刘晓乾老师写下了他的听课感触：

在甘肃特岗教师论坛上，我有幸认识了呼老师，她的博学、睿智给我留下了深刻印象。今天，在全国班主任成长研究会“老班话幸福”讲座中，听呼老师的“青春路上，我与学生一路同行”讲座，让我再一次见识了呼老师的教育智慧和班主任工作的精到。她的讲座没有空洞的理论说教，有的是很接地气的细腻做法，感谢呼老师。

“是花，就有开放的那一刻。不为世人的欣赏，只为心中的芬芳。”（郑立平）我一直信奉着这句话，让自己行走在教育的春天里。

从“奋力抗洪”到“智慧造林”

与其在教育的下游抗洪救灾，不如在教育的上游植树造林。

——题记

“呼老师，昨天晚上学校政教处老师查夜时，抓到你们班三个同学偷偷溜出去上网了，现在正站在学校政教处门口呢，你赶紧到政教处来一趟吧。”

于是，我飞奔到学校政教处，去解决学生的上网问题。

“呼老师，今天中午放学后，你们班几个学生偷偷溜出去喝酒了，你看怎么解决。”

于是，我火速冲向学校德育主任的办公室，去解决学生的喝酒问题。

“呼老师，昨天晚自修后，发现你们班一个男生和一个女生在学校楼梯下方拥抱亲吻，你觉得这件事情是交由学校处理还是你自己来处理呢?”

第二天，我立即召开了“花季，我们如何相处”的主题班会。

“呼老师，昨天我放在教室文具盒里的100元钱不见了，您赶紧帮我找找吧。”

于是，我像一个专业的警察和侦探一样，开始在班里大规模地帮学生寻找丢失的钱。

…………

这是我初当班主任时的真实写照。初为班主任的我，曾在教育的下游“奋力抗洪”。彼时的我，像个专业的“抗洪”队员，哪里有问题，就扑向哪里，但班里常常还是这边按下葫芦，那边浮起了瓢。为此，我身心疲惫，但是学生并不领情！

“呼老师，您天天守住班级，跟紧学生，虽然看起来很辛苦、很劳累，遗憾的是，我们真的无法给你满分。”

这是第一次做班主任学期测评时，学生给我写下的评语。

“呼老师，您天生就是一个不断改进的人。您总以自己的方式来纠正我们的错误，我不喜欢您的说教，更讨厌您给我们的纠正，因此我们才会不断地犯错误。”

这是初为班主任时，一个男生在信中写给我的话。

“呼老师，您怀疑我是小偷吗？为什么昨天晚上您讲个别同学有‘小偷小摸行为’时，拿眼睛看着我？如果您怀疑我是小偷，请您问问咱班同学，我曾经‘偷’过谁的东西……”

这是初当班主任时，一个女孩质问我的话。

那一刻，我仿佛跌进了教育的万丈深渊。教师，这个被很多人誉为“太阳底下最光辉的职业”，在我心中，霎时变得不再美好。

“疼痛是伤，它往往是一个人颓废的理由。”而我，也在初为班主任的“伤痛”中，差一点把自己颓废掉。于是，带着满腹的怨气，我走进了校长的办公室，企图用辞去班主任工作的方式挽回几乎要丢掉的师者尊严。

“呼老师，尽管你带的班并不完美，但我不会因为个别学生给了你一些差评，就否认你的努力。你到这个学校三年来，成长的点点滴滴，我都看在眼里、记在心里，希望你能理智地面对班级管理中的问题，更期待你能早日走出班级管理的困顿。”

老校长的一番理解、期待的话语，让我一度发热的大脑，瞬时冷静了下来。

回望自己之前的班主任工作，虽然我曾尽心尽力地去管理班级，但我总是被动地在班级出了问题之后，才去想尽各种方法奋力“抗洪”。被动解决问题的做法，除了让自己尴尬还是尴尬。比如“学生丢钱问题”，虽然这是一个老生常谈的话题，但因其特有的敏感和处理时的棘手，一度成为班级管理中的难题。尽管我曾用尽各种方法，去帮学生寻找丢失的钱，遗憾的是，10 多年的班级管理中，我竟没有一次能帮学生找回丢失的钱，无意之中，还对个别学生造成了严重的伤害。于是，一段时间里，我陷入了一种深深的自卑和做班主任的恐慌之中，甚至开始怀疑自己，究竟有没有能力胜任班主任工作。

如何最大限度地降低自己的失误，减少对学生的伤害？ 偶然读到《扁鹊三兄弟的故事》，给了我处理学生棘手问题的一些智慧启迪。

魏文王曾求教于名医扁鹊：“你们家兄弟三人，都精于医术，谁是医术最好的呢？”

扁鹊答道：“大哥最好，二哥差些，我是三人中最差的一个。”

魏王不解地说：“那你为什么最出名呢？”

扁鹊说：“大哥治病，是在病情发作之前，那时候病人自己还不觉得有病，但大哥就下药铲除了病根，他的医术却难以被人认可，所以没有名气，只是在我们家中被推崇备至。二哥治病，是在病初起之时，症状尚不十分明显，病人也没有觉得痛苦，二哥就能药到病除，乡里人都认为二哥只是治小病很灵。我治病，是在病情十分严重时，病人痛苦万分，病人家属心急如焚。此时，他们看到我在经脉上穿刺，用针放血，或在患处敷以毒药以毒攻毒，或动大手术直指病灶，使病人病情得到缓解或很快治愈，所以我名闻天下。”

魏王大悟。

从医术上来说，医生对于病人病情的事后控制，远不如事中控制，事中控制更不如事前控制。其实，我们班主任的工作和医生一样，都是为了促进人的健康发展，区别在于一个关注的是病人的身体，一个关注的是学生的心理。高明的班主任应向扁鹊大哥那样，把问题消灭于萌芽状态。

有没有一种方法可以减免班级事故的发生？有没有一种策略可以让自己从帮学生解决各种繁杂的事务中解脱出来？

教育的着力点应该是未雨绸缪、减免问题的发生，而不是坐等问题发生后才去思考解决的策略。

与其在教育的下游抗洪救灾，不如在教育的上游植树造林。

班主任工作要有边界，要有所为有所不为。在教育中，班主任该做什么比能做什么要重要得多。

反思增长智慧！

于是，再次接手新班，我调整自己的带班思路，决定重新来过。

未雨绸缪，从帮学生找钱的困顿中走出

回望自己初当班主任时，对青春期学生棘手问题的处理总是处于一种被动工作的状态，如为了帮学生找到失窃的钱或者贵重物品，我曾像专业的警察和侦探一样；我还从网上或者杂志上学来各种智慧找钱的方

法，照搬到班级中。也许是我解决问题的方式过于死板，也许是我缺少对青春期学生的足够理解和研读，别人的智慧做法搬进我的课堂后，好像都不怎么管用。

于是，每每在各类报刊上读到一些班主任发表的如何“帮学生智慧找回丢失的钱和贵重物品”的案例时，我都会感慨多多。关于班级学生丢钱事件的处理和困惑，我也曾和很多班主任有过互动交流。记得 2017 年 11 月我在云南昭通的一个学校讲课时，一位老师和我分享他的处理方法。他说，为了帮学生找回丢失的钱，他曾采用一种极端的方式——搜身。可是这样的极端做法，非但没有帮学生找回丢失的钱，还造成“一个学生要跳楼、一个学生要离家出走”的可怕后果。

“钱”本不应成为班主任关注的对象，但大凡有学生住校的班级，班主任就会遭遇这样的棘手问题，而处理学生丢钱问题，也明显异于一般的学生学习不良与行为不良问题。尤其是学生进入高中，到了十六七岁这样一个青春敏感期和叛逆期，一旦有学生把别人的钱据为己有，我的切身感受是，不管班主任找钱的方法有多么智慧，也不管班主任的说教多么动听，一般情况下是很难帮学生找回丢失的钱的。除非老师抓个现行，否则，依靠班主任的动人说教，甚或采用更为严重的侵害学生身心的做法，都是不可取的。

回想自己之前的班主任工作，多数时间我都是在教育的下游“奋力抗洪”，总是被动地在班级出了问题后，才想尽各种方法去解决，很少懂得在教育的上游“植树造林”，更不知道把班级事故扼杀在萌芽状态，所以在处理班级的一些问题，尤其是应对学生丢钱这样的棘手问题时，我总是把自己陷于一种被动处理问题的状态，这样的被动处理问题方式，除了让我收获不愉快还是不愉快。

学生丢钱问题，看似是班主任经常遭遇的小问题，实则是个棘手的大问题。班主任在学生涉钱事件中，如果只知道在学生丢钱后去帮学生用各种不恰当的手段盲目地寻找，就会给学生留下终生难以忘却的伤害。为此，再次接手新班，我读懂了在教育的上游"植树造林"的重要性，也学会了未雨绸缪。

"站在你们面前的这个班主任，她既不是专业的侦探，也不是无所不能的超人，她只是一个平凡的不能再平凡的老师，很多时候，她根本无力帮你们找回丢失的钱。为了避免不必要的麻烦和伤害，所有走进这个班级的新同学，从今天开始，都必须学会妥善保管好自己的钱物，只有每个人都保管好自己的钱和贵重物品，才能消除班级个别同学不良行为的发生。"这是我接手新班的第一天，很坦诚地与学生交流的一段话。

"那么，怎样的保管方法才能规避同学们的钱和贵重物品的丢失？请同学们围绕这个问题展开讨论。"

"害人之心不可有，防人之心不可无，贵重物品最好不要带进学校。"

"钱一定要随身携带，不能放到寝室的枕头下面，也不能放在教室的抽屉里不上锁。"

"如果带的钱比较多，我们可以交给老师保管。"

…………

同学们的讨论，汇集了很多保管财物的智慧。

"以后，凡是因为自己保管不善而丢钱的，请同学们自负其责。告诉老师，老师既无力帮你们找回丢失的钱，还可能会批评你们。为什么要批评你们呢？其一，因为你的保管不善，既给自己造成了损失，也给老师、同学徒增了很多烦恼。其二，当你把几百元钱或者一件很贵重的物品放在寝室的床铺上，或者放在教室的抽屉里并且不上锁，这既是一种不负责任的行为，也是一种对他人人性的公然挑战。当没有第二个人在场时，这些很容易拿到手的钱物，对于一个未成年学生来说，充满了诱惑和挑战，是因为你的保管不善，才给个别自律性不强的同学制造了犯错的机会，也导致个别同学走向了犯错的道路。所以，丢钱的同学虽值得同情，但更要学会反思自我行为。”这是我让同学们明白的一些钱物管理之道。

“关于能否帮同学们找回丢失的钱，同学们，请不要对你们面前的这个老师抱有任何不切实际的期待。作为你们的班主任，我所能做的真的很有限，如果我的动人说教、智慧寻找，能帮你们找回丢失的钱，那是你们的幸运，如果找不到，也请同学们理解，毕竟你们的班主任，她既不是一个专业的警察，也不是一个专业的侦探，事实上，警察来了也很难帮同学们找回丢失的钱。如果此刻的你陷入了生活的困顿，那么老师所能做的也很有限，虽然老师无力帮你找回丢失的钱，但老师会帮你渡过眼前的难关——‘借钱’给你，既然是‘借钱’给你，那就意味着你必须‘按时归还借款’。因为‘借钱要还’是我们每一个人需要持守的做人底线；还有，老师只是一个收入并不高的普通人，她有自己的家庭，有年迈的父母和幼小的孩子，还有每天需要面对的60多个学生，所以，请同学们理解老师的平凡和普通。”这是我说给学生听的又一段话。

就这样，接手新班的第一天，在没有任何学生发生丢钱事件之前，我就让全班同学讨论出台了“如何保管好自己的钱和贵重物品”“学生借钱的规则”和“还钱的期限”等班级规约，且把“还钱期限”设定为每个周日的晚上，要求任何同学不得以任何理由随便拖延。

规约的制定，只是约束学生行为的首要保证，班主任执行班级规约的公平正义，才是最为重要的事情。于是，每次过完双休日，学生返校后的第一个晚上，追回学生的借款，成了我这个班主任要做的第一件事。这样做，虽然看似有点不近人情，却教会了学生很多做人的道理。

“信守承诺、懂得感恩、借钱必还”，也成了我们班所有学生的良好行为习惯。这种良好的行为习惯，不但惠及了学生的校园生活，还延续到了学生的未来生活。

回望反思我对学生丢钱事件的处理，由被动走向主动，既减免了自我处理问题的尴尬，也避免了对学生有意无意的伤害。在学生涉钱事件中，钱虽不应是老师关注的对象，但随着学生涉钱事件的日益增多，教师帮助学生找回丢失的钱的问题逐渐成为学校教育中的一个话题，甚至演变成班级管理中的一个教育难题。因钱而起的问题一般都比较敏感，明显异于一般的学生学习不良与行为不良等问题，因此，我们在处理这类棘手问题时，常常遭遇各种矛盾和冲突。在学生涉钱的问题上，老师要有正确、谨慎的态度与方法。钱永远都是小事，学生的教育才是大事。

首先，教师要斩断“拿钱与偷”之间的条件反射，进行实事求是、平常平静的处理，不必以盛怒或者矢口否认来强化孩子对此类行为的反应，以免引起学生过度的恐慌，留下教育的后遗症。其次，对学生丢钱问题，教师应做未雨绸缪之举，而非亡羊补牢之措，教师要提前教育学生，学会管好自己的钱袋，消除可能导致班级个别学生不良行为发生的潜在诱因，尽量让问题少发生或者不发生。

提前预设，为解决家校冲突扫平道路

近年来，网上不断爆出师生冲突、家校冲突的案例，这让每一个身处其中的教育人，尤其是班主任，都有一种如履薄冰的感觉。作为一名普通的班主任，我深知自己的平凡与渺小，知道自己应该有所为有所不为。于是，我学会了提前预设，学会了提前为处理班级棘手问题埋下伏笔，也学会了提前为自己和班级的所有课任教师扫除障碍。

回望我初当班主任开家长会时，总是习惯性的和家长们说这样一句话：“感谢各位家长在百忙之中参加我们的家长会。”有一天，我突然意识到自己这句话看起来很是平淡，无意之中却把自己放在了一个被动教育者的位置，并且给自己增添了很多原本不该承担的责任。

于是，再开家长会，我首先对家长们说的一句话是：“各位家长朋友，为了您的孩子，我的学生，今天我们得以相聚在这里。”这样的开场白，让家长们认识到：孩子，首先是家长的孩子，其次才是老师的学生。

接着，我敞开心扉与家长们真诚交流：“各位家长朋友，请原谅我在这里不再说感谢您来参加我们的家长会的话，因为孩子首先是您的孩子，其次才是我的学生。孩子是您的希望和未来，当您把孩子带到这个世界，您就是孩子一辈子都下不了课的班主任，参加孩子的家长会，是一个爸爸、妈妈义不容辞的责任和义务。”

“我和教室里的其他老师，只是孩子人生路上偶遇了两三年的普通老师，孩子的成长和教育，最重要的根据地是家庭，孩子的成长最需要家长的陪伴和参与，只有家庭、学校、社会多方携手形成合力，才能让孩子的成长之路走得更加轻盈、顺畅。作为老师，我们需要家长的理解和支持，更需要各位家长朋友和我们老师一起，共同托起孩子的未来。”

这样一段真诚的话语沟通，首先把家长放到了教育孩子的最主要位置，让家长认识到，家长才是孩子教育的第一责任人，同时又把自己从家长的过度期待中解脱出来。

“我和教室里的每一个任课老师一样，都是普普通通的人，既然是普通人，我们就会有普通人的优点和不足。作为老师，我们每天都要面对60多个孩子，难免会有目光不及的地方，会有对孩子关爱不周的时候。如果有一天您的孩子觉得自己在学校受了委屈，觉得老师冤枉了他，或者您的孩子和其他孩子，甚至和老师发生了矛盾和冲突，作为家长，你们该以一种什么样的姿态去面对呢？”

一间小小的教室，既承载着老师、学生的喜怒哀乐，也承载着家长的期盼。教室的空间虽然狭小，但每天却活跃着60多个学生和10多个老师，那么，师生误解、矛盾冲突难免会发生。我设置了这样一个问题让家长们讨论，以期为以后解决学生的棘手问题扫平道路。

这个问题抛出后，我让家长们积极参与讨论，并与家长们进行真诚的沟通，引领家长们达成共识。60多个处于青春期的学生，每天共处于一间小小的教室里，学生与学生、学生与老师，难免会有一些磕磕碰碰。当孩子与孩子、孩子与老师发生矛盾和冲突时，作为家长，首先要学会冷静面对、理智处理，而不是遭遇问题就在学校大吵大闹，从而也让家长们明白，当孩子和老师发生冲突时，如果家长采取极端的方法到校园里闹事，表面上看是家长赢了老师，其实是输掉了自己的孩子。

很多家长在我的启发诱导下，纷纷拿出了处理孩子和孩子、孩子和老师发生矛盾和冲突时的高姿态，我也借机把家长们的讨论结果进行归类整理，从而生成了我们班的第一个“如何正确对待孩子与孩子、孩子与老师的矛盾与冲突”的家委会公约。家委会公约出台之后，我让家长们签字留存。

这样的提前预设，既为我后续处理班级棘手问题打下了基础，也为班级任课教师解决师生冲突扫平了障碍。多年来，虽然我和班级任课教师也曾因学生的各种问题闹心过，但我们与学生、家长之间从来不曾有过真正的矛盾和冲突。这很大程度上得益于我的提前预设，得益于我的主动教育和“在教育的上游植树造林”。

提前教育，引领学生走出情感的泥沼

青春期的学生或深或浅地陷入朦胧情感中，这是一场青春的宿命，我们无法逃避也不应该逃避。我们知道，对于青春期学生感情的事堵不如疏。那么，作为学生成长路上特别重要的人，班主任该以什么方式陪伴学生走过这段青涩的岁月呢？

对于学生早恋的处理，我非常认同王晓春老师的观点：我们对待早恋的态度，应该类似于对待网络的态度，总体上要加以防范，但不要过多跟早恋本身较劲，而要把重点放在提高每个学生的素质上。

为此，每接一个新班，我首先通过仔细观察把学生进行分类，初步预设：哪些学生可能是“恋爱积极分子”？哪些即使早恋也多半是良性的？哪些学生早恋会有出事的危险？“恋爱积极分子”的行为传染性极强，能影响一大批意志不够坚定的同学。对这部分学生我会特别关注，除了提前引导外，对他们的某些无法忍受的过激行为，我采取主动管控的策略；而对那些不会对班级形成冲击的暗恋者，我多是默默陪伴，暗中观察，只要学生没有过激的行为，我一般是什么都不做。

此外，我还依托青春期系列主题班会，让学生在没有开始早恋的实际行动之前，就听到关于恋爱的不同声音，知道每一种看法的利弊。这样，学生如有早恋行动，脑子里就会先进行一番斗争，做一番判断和选择。我们开展的青春期系列主题班会有“相逢在花季”“我的青春我做主”“学业、爱情我来谈”“花季，我们如何相处”等。

案例：“花季，我们如何相处”主题班会

班会开始，首先动画演示：晚自修后学校门口昏暗的路灯下，一位男生和一位女生深情相拥的情景……打出“花季，我们如何相处”的主题。

然后，我让学生感悟、畅谈青春的美好，接着我在PPT课件中出示了在网上收集到的大量男女不当交往的案例，让学生在观看、思考中明白：男女生不当交往带给女孩子的身心伤害是无法弥补的。

最后，我结合此次主题班会，对班中所有的女孩子说了这样一段话：“一个女孩子，你人生的第一次牵手、第一个拥抱、第一个亲吻，一定要给予一个陪伴你成长的更好的人，即使没有走到最后，但是多年之后，当你回忆起少年时这段青涩岁月，心里涌出的当是一种温暖和美好！”

这样，在学生还没有开始恋爱的实际行动之前，我就通过一系列的青春期教育主题班会，引领学生正确面对青春期的情感问题。

第二辑　“撞”上青春期的学生

十六七岁是一个躁动的年龄。这个年龄段的学生，心理状态很容易在自尊与自卑、坚强与脆弱之间往复。

青春期学生成长的过程，应该是快乐的、多姿多彩的。但青春的迷茫、学业的压力等一系列成长的附加值，让青春的美好大打折扣！

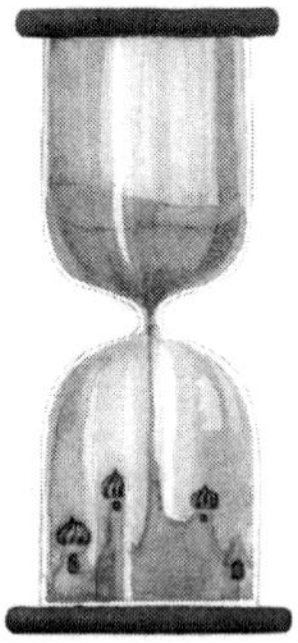

青春的躁动

就像远处的一场风暴到来之前，大海会发出轰轰隆隆的咆哮一样，高涨的欲念和强烈的感情也发出这样的低鸣，宣告着这场骚动即将来临。

这是法国教育家卢梭在其教育学著作《爱弥儿》里对青春期学生的生动描述。在青春期这个从少年向青年过渡的特殊时期，中学生的身体和心理都会出现很大的变化，而这些变化又常常令我们措手不及。

严重缺乏管理经验的我，就是在这样的猝不及防中撞上了一群又一群青春躁动的十六七岁的学生。这个年龄段的学生，心理状态很容易在自尊与自卑、坚强与脆弱之间往复。他们在家里或温顺，或叛逆；他们在学校或努力学习，或“不务正业”。但在没有大的冲突的情况下，他们一般会相安无事，风平浪静，每天他们都在正常地上学、放学，正常地生活。

殊不知，在这正常的背后是一颗颗年轻的、脆弱的心。他们追逐着时代的潮流，接受着社会各个方面的影响，只要他们轻点鼠标，信息、新闻、游戏，正面的、负面的、学生不宜的……都会一股脑儿袭来，刺激着他们的感官，搅动着那一颗颗青春的心灵，而生理和心理上的微妙变化又常常令他们心生迷茫，却又无处诉说。

记得我曾在《新京报》上读过一份调查《学生的真心话说给谁听》，六成以上的中学生被青春期问题所困惑，九成以上的中学生不愿意把自己的心里话跟老师和父母说。

随着第二性征的出现，青春期的学生开始变得敏感，开始关注自己的相貌与身份，开始渴望拥有自己独立的时间和空间，开始追求自我个性的独立和张扬；他们希望能挣脱家长、老师的管制，开始在家庭之外寻找自己的价值和归宿，开始拒绝老师、家长的说教，也开始更多地接受来自同伴的影响。

此时，青春期的同伴成了青春期学生生命中最重要的人。此时的他们，特别渴望自己能在老师、同学，尤其是在异性同学面前树立一个积极向上的良好个人形象，但他们在自我探求成长的路上，往往又遭遇很多的不如意，他们既希望自己快速长大，又害怕长大。

于是，他们开始有了很多青春期成长的困扰，也有了青春的叛逆。有时，他们觉得自己是大人，有时他们又纠结于小孩与大人之间那份未泯的童心；他们既希望自己能抓住年少的尾巴，又渴望自己能快速地长大。就像卢梭在《爱弥儿》里写的：“现在，他既不是一个小孩子，也不是一个大人，而且不能发出他们之中任何一个人的腔调。”

青春期的自尊和独立，既促使他们在学习和成长方面不断地给自己提出新的要求，又特别渴望自己能走向独立和自由；他们情窦初开，既渴望走近异性，又缺乏走近异性的勇气和果敢。于是，个别同学为了吸引异性同学的目光，时常做出一些偏激甚至是冒险的行为。他们既幻想自己是个有自控能力的大人，又期待自己能早日实现人生规划。但当他们最终因自控力不足而放弃自己的计划，或者不能按预定计划去实现自己的人生目标时，他们往往会怨天尤人，出现自信危机感。

美国著名教育专家查普曼曾这样说：“不断增加的推理知识和批判性思考问题的能力，伴随着青少年走向独立和自我认同，让他们开始质疑父母和老师的判断，并且选择不服从。”

青春期学生，在青春期所出现的思想、行为的偏差，如果不在青春期解决，就会影响到学生们今后的发展。青春期能否顺利度过，决定着学生以后的自我认同和生活质量。

醉酒的女生

在班级发展过程中，突发事件在所难免。这些看似突然爆发的状况，却隐含着学生关于青春的迷茫。因此，作为班主任，如何在一系列的突发事件中发挥自己的育人职能，让正处迷途中的学生树立积极健康的人生观、价值观，重新绽放生命原有的激情呢？

她又喝醉了

周二下午，我刚走进办公室，班长就飞奔而来。

“老师，你快去看看吧，小芳又喝醉酒了，正在教室里吐呢。”

“啊？怎么又醉酒了？快去看看！”

刚过完一个令人回味的暑期，学生们返回校园才两周，怎么就有人喝醉酒了呢？唉，又是她——小芳（化名），一个青春而又叛逆的女孩，父母离异，跟爷爷奶奶一起生活，喜欢和一些不爱学习的男生聚在一起。这应该是她来到我们班的第四次醉酒了。

说实话，我很心疼这个孩子。不仅是因为她的遭遇，更因为她在本该绽放青春的时节，却选择了酗酒这种自暴自弃的方式。面对这样一个女孩，我与她交流、谈心，用尽了招数。虽然每次心潮澎湃后也会有些许改变，但好景不长，她仍然是“涛声依旧”。

十六七岁是一个躁动的年龄。我知道，青春期学生的心理状态很容易在自尊与自卑、坚强与脆弱之间往复，小芳更是如此。在这个躁动不安的“疾风骤雨”时节，风从哪儿来，雨从哪里下，花从何处开，时常令我感到困惑。

“怎么办?”在去班级的路上，我边走边思考，脑海中不时闪现出曾经与她谈心的画面。

“这次又是因为什么喝酒呢?”我自言自语。

我快步走进教室。空气中弥漫着一股酒气，地面也被小芳吐得一塌糊涂，很多同学都掩鼻而去。这样的事情发生在我们这个全校公认的优秀班级，令我很是无语。看看表，还有 10 分钟就要上课了，于是我先安排一位女生把小芳扶到寝室去休息，再帮她清理污秽。一些同学也回到教室帮忙，很快，一切归于平静。

可是，我的心中已经无法平静。我该如何让这个女孩回归本色?

说服教育？已经试过好多次，并不能真正触动她的内心。可以说常规教育已经无法激起她心中的涟漪，化不开她心中的冰雪。

“看来，我只能另辟蹊径了。”在回办公室的路上，我仰天长叹，自言自语。

QQ 突围

回到办公室，我的大脑继续思考着，却一时无法找到更好的应对策略。我尽量让自己保持着思维的敏捷和理性，我开始转换角度，尝试站在学生的立场上去思考问题。

这个年纪的学生究竟喜欢什么？不喜欢什么？他们的忧郁会因何而

起？为什么这个女孩会选择酗酒的方式自暴自弃？青春期的孩子究竟有怎样的期待？……一连串的问号在我脑海中闪现。

在不断的追问中，我开始有了方向和目标。青春期的学生，尤其是叛逆学生，喜欢玩手机，喜欢上QQ、微信聊天，喜欢在QQ空间、微信朋友圈里记录自己的心情，他们更关注自己在异性心目中的形象，特别希望得到同龄人尤其是异性的认同……他们不喜欢被人看扁，害怕遭人冷落。也许，这就是造成青春期叛逆学生内心压抑、躁乱的原因。

有了压抑就要有发泄的出口。如果我是她，我会选择哪些发泄方式呢？又是如何发泄的？酗酒、逃课、与人争执、写日记、找人倾诉……

结合小芳平时爱泡网吧、性格急躁等特点，我将范围逐渐缩小。最后，我将突破口锁定在QQ、微信这两样社交工具上。于是，我从学生QQ空间的好友留言和班级微信群开始，找寻她酗酒的蛛丝马迹，以探求解决问题的突破口。

功夫不负有心人。终于，在小芳的QQ空间里我发现了问题所在。原来，她的情绪起伏源自一位男生对她的看法。

“哦，原来是这样！”我长出了一口气。

我心里有了突围策略：借力男生，规范这个叛逆女生的行为。

借力男生

就她酗酒的问题，我先选择冷处理。冷处理，不是不处理，只是需要等待，等待合适的机会。因为她不是第一次酗酒，同学们也颇有习以为常的感觉。作为班主任，若想真正走进她的内心也绝非易事。

一周后的一个下午，学校天井院里贴出一张布告，批评高二（1）

班几位同学外出喝酒的事情，恰好有两位女生也在其中，她们因给同学庆贺生日而醉酒，被学校政教处抓到并全校通报批评。借此机会，我决定旁敲侧击，召开一次别样的班会。晚上第三节课是班会时间，这时的小芳已经等待我的“审判”很久了，却迟迟不见我有任何举动。

我的沉默让她备受折磨。她如是说。

班会开始，我貌似漫不经心地说：“大家可能已经看到了，今天，在学校天井院里，政教处贴出了一张布告，批评咱们高二年级几位同学喝酒一事，其中还有两位是女同学，因为庆贺同学生日而醉酒，学校政教处抓到并全校通报批评。我们就女生醉酒问题，召开这次主题班会”。

要求：男同学围绕“女生喝酒”这件事，发表一下自己的真实想法，女同学今天无须表达，只需要认真倾听男生对这件事的看法就行。

接着，我在黑板上写下了两个问题：

1. 你心目中的美丽女生是什么样的？

2. 对女生喝酒这件事，你有什么看法？

（注：如果觉得自己不好当面坦诚表达，也可以把自己想说的话写成文字，书面文字有时比口头语言表述要方便得多、文雅得多）

教室开始归于一片沉寂。几分钟后，有男同学开始“躁动”，我组织男生们反馈自己的想法：

“温柔、漂亮而又善解人意”，几乎是所有男生心目中的白雪公主。

“阳光，亮丽，自尊，自爱”，是多数男生心仪的美丽女孩形象。

对女生喝酒一事，既不符合中学生的行为规范，也有损优雅女生的美丽形象。虽然，女生偶尔喝一点酒无可非议，但如果成了一种经常性行为，并且有了醉酒现象，多数男生不敢恭维这种行为。

女生喝酒，偶尔为之，虽然并不影响女生形象，但多数男生表示自己不喜欢吸烟、喝酒的女孩，甚至有男生坦言，将来找对象也不会找一个爱吸烟、喝酒的女孩子。

多数男生都说出了我想要的答案。就在我准备结束班会时，有一个很调皮的男生突然向我公然发出挑战。

呼老师，我喜欢吸烟、喝酒、上网、打架、骂人的女孩子，将来娶老婆，我就娶这样的。

这个观点一出，立马引来非议，不同的声音开始在班中激撞，男生争论不休，女生笑而不语。这些问题，虽然早已有了明确的答案，但允许发出不同的声音，是我的一贯主张。

男生们争论完毕，我笑着回应这个给我“挖坑”、公然向我宣战的男生，我不急不缓地笑着说了这样几句话：“每个人，都有爱和被爱的权利，也都有选择和被选择的权利。其实，喜欢一个什么样的女孩子，都没有错，也无可厚非，只要这种喜欢是发自你内心的真诚就行。喜欢一个什么样的女孩，都是一种自我选择。作为老师，我既无法左右，也不想过多地去苛求你。既然你喜欢的是吸烟、喝酒、打架、骂人的女孩子，那么，我想你一定有自己喜欢的道理。任何一个女孩子，不管她有着怎样的不良行为和习惯，我想她身上一定会有自己独特的、吸引人的一面，何况萝卜白菜各有所爱，既然你喜欢，那么，作为老师，我唯有真诚地祝福你，祝福你在未来的某一天，能够娶到这样一个女孩做老婆。”

瞬间，全班同学笑翻，公然向我发出挑战的男生很不好意思地坐下。男生们发言完毕，我并没有对他们的观点做任何评判，只是意味深长地对全班女生说了这样一段话：

“一个女孩子，也许我们无法选择自己的出身和容貌，但我们可以改变自己的气质。优雅，是一个女孩最美丽的外衣，是任何高档的化妆品都无法比拟的。如何让自己成为一个优雅的女孩子呢？首先，要从改变自己的言行入手，从规范、约束自我行为开始！作为一个学生，虽然我们每天身处小小的校园，也许我们根本无法改变学校的某些规约，但可以改变的是我们的认知和心态。从今天开始，让我们以积极阳光的心态，去面对学校和班级的每一项规约，约束自我，才能让我们飞得更高。当我们选择了约束和规范，其实我们就选择了一种自律和自由，也选择了一份责任和担当，这既是对我们的未来负责，更是对自我行为规范的一种嘉奖！”

说完这些，我径直走出了教室，身后留给我的是一片沉寂。

几天后，我的办公桌上出现了一封小芳写给我的信，她在信中写道：“呼老师，我真的没有想到，一个女孩子喝醉酒，在男生心目中竟是如此不堪的一种形象。您放心，从今天以后，我真的不会再醉酒了，我也在忽然间读懂了老师的良苦用心，明白了一个女孩子该怎样去修炼自我，才能让自己成为一个优雅、知性的女子，感谢老师。”

其实，结果如何，此时已经不再那么重要了。对于处在青春期的少男少女们来说，在这个青春萌动的季节，也许还会有“疾风骤雨”，但作为班主任，我知道，青春期的学生有一个共同的关注：自己在异性心目中的形象！只要我们用好了这点，很多青春期的棘手问题就能得到较好的解决。

遇叛逆男生

“呼老师，你到学校政教处来一趟吧！你们班的张鹏和隔壁（2）班的同学又打起来了，被学校政教处刘主任抓到，正在学校政教处那里挨批呢！”

张鹏，我们班一位十分叛逆的男生。一段时间里，他几乎成了学校的“名人”：半夜偷偷溜出去上网，被学校通报批评的有他；为了哥儿们义气，和同学打架的有他；和社会上“小混混”一起参与外班同学纠纷的，也少不了他；上课睡觉，老师批评他，和老师拍桌子的还是他。

这个青春而又叛逆的男孩，内心似乎有一个雷达，可以探测出什么事情会激怒老师。你说学生举止要文明，他却出口成“脏”；你讲同学间要友好相处，他照样跟同学干架；你说锻炼身体很重要，他却经常不上早操；你说吸烟有害健康，他依然抽烟；你让他把长发剪短，他却把头发搞得又乱又长，还染成了红色，美其名曰：有艺术家的气质。总之，你说地球是圆的，他偏说地球是方的。

这是一个典型的步入青春期的叛逆男生，其个性正在经历着一些典型的变化。如何拯救这个叛逆而狂乱的学生，建立其与同龄人及自身的合理认同？

面对这个青春期的叛逆学生，按照一贯的做法，我先跟他耐心地讲道理，可他根本听不进我和家长的劝告，甚至比我还振振有词。有时实在忍无可忍，我就用威严压制他。迫于我的威严，他貌似被降服了，却用不以为然的目光看着我，弄得我表面胜利了，内心却充满了挫败感。

后来，我意识到，自己与这个叛逆学生的“交锋”，就像与激流搏斗一样。游泳高手都知道，遇到横流时，要停止搏斗，他们知道自己无法通过搏斗游上岸，会随着水流漂浮，直到找到一个稳固的落脚点。于是，我改变了与这个叛逆学生的交锋策略。

首先，我顺其自然，认同他的情绪，并时刻留意与他保持安全接触的距离。有了走近的机会，我时时提醒自己千万不要空洞说教，因为说教只会造成叛逆学生充耳不闻。叛逆学生并不想听我们说该怎么做，不该怎么做，尤其不愿听我们说以前我们怎么好，他们现在怎么不好。即使迫于威严，他们也不会相信我们以前真的那么努力，那么明白事理。

事实上，他们很难想象我们也曾年轻过！

用理解学生的不容易，替代对学生的不满意，学生每一个不良行为的背后，一定有他未被满足的内在期待；每一个违纪行为的个体，几乎都有一段不被爱的痛苦经历。

很多学生的叛逆，与家教失当有很大关系。虽然，很多家长承认自己孩子的叛逆，知道叛逆是孩子人生中必经的过程，就好像毛毛虫不经过破茧而出，就无法变成美丽的蝴蝶一样。但是，对待自己孩子的叛逆，大多数家长还是不能像对待毛毛虫那样宽容，去同情他的挣扎，期待他的成长。

偶然读到的这些话，给了我很多教育思考与启迪，也给了我一些处理叛逆学生问题的智慧。是的，学生行为问题的背后一定有其存在问题的深层原因，所以，当张鹏再次被学校政教处抓到时，我不再激动、不再恼怒，也没有了任何空洞的说教，我只是一次又一次地把他从学校政教处领回来，我先协助他渡过眼前的难关，然后寻找他叛逆的真正原因。我开始懂得了寻找问题行为背后的深层原因并“对症下药”的重要性。

于是，我开始更多地去关注张鹏。张鹏的父母平时忙于生意，疏于管教孩子，他的父亲偶尔关心一下他的学习，也只是问结果，不管孩子努力的过程，而且他父亲的教育方法也比较简单粗暴；再加上他学习成绩一直不是很好，学校部分老师对他的歧视，致使他出现了极其严重的“受挫型叛逆”。于是，他把与老师、家长对着干，当成了一种乐趣！

改变学生，先从改变家长的教育观念入手。于是，我开始思考，如何让家长认识到自己在家庭教育中的作用？

在我们班，曾有一位学生的家长，在青春期孩子的教育方面堪称楷模。这位母亲的教育理念非常前卫,她对女儿说得最多的一句话就是“我们是朋友”。她说：“从小到大，女儿有什么开心的、不开心的事情都会告诉我，包括学习、和同学交往等各个方面，甚至连有男生追求她，都会告诉我。”

她还告诉我，她和女儿平时的沟通非常平等，有时候因意见分歧有所争执，事后想想若是自己的不对，她便会主动向女儿承认错误。孩子提出自己的要求时，她从不会不假思索地拒绝。即使是孩子有非常荒谬的要求，她也会在慎重考虑之后，把它“当作一回事”给予孩子积极的回应与讨论，然后找出充分的理由，让孩子明白自己的看法。

不仅如此，这位家长还在许多事情上都征求孩子的意见，即使孩子提出的意见很糟糕，她也会认真倾听并与孩子讨论，就算是非常必要的要求，也会用“我希望……”或“我建议……”等方式与孩子交流。

这位母亲在教育孩子的过程中，采用的是一种非常前卫的教育理念，那就是像对待成人那样对待自己的孩子，让孩子在家里有一种存在感、归宿感、价值感，时时感受到自己被家长尊重的感觉。

我决定借用第三方的教育力量来影响家长的教育观念，这样可能比老师的说教更有用。很多时候，老师的教育观念也不一定比家长的教育观念更先进，我们的视野很多时候也不一定比家长的视野更开阔。我就借助家长会、借力这位家长以及其他学生家长的智慧和魅力来影响张鹏的父母。家长会上，我让这位优秀的家长和其他家长们尽情交流，让她就青春期孩子的教育问题畅谈自己的教育理念。这样通过家长们之间的互动交流，让更多的家长明白：青春期的孩子，更需要家长和老师的理解与陪伴！

通过这次家长会，这位母亲先进的教育理念深深触动了张鹏的母亲，于是，她开始主动与我交流张鹏的教育问题。我也积极与张鹏的父母互动交流，就张鹏的学习、人际交往等问题展开讨论，我们一起共同面对张鹏的困难。这样，有了家长的支持与配合，我与张鹏的交流也就顺畅了很多。

当张鹏再次被学校政教处抓到时，我没有任何空洞的说教，只是待他冷静下来之后帮他分析：眼前你有几条路可以走？每条路的选择各有什么利弊？……然后让他自己思考、自己选择下一步究竟该怎么走。

等他自己想清楚了，并意识到了错误，我又和他的父母一起积极面对他打架的问题；同时我还借力班中的女生，采用“异性影响异性”的方法，在班里召开了女生主导参与讨论的“我欣赏这样的男生”“男生吸烟，我这样看”“打架，是男生义气行为的表现吗”等系列主题班会，让女生畅谈自己欣赏的男生是什么样的，并让女生阐述自己对男生吸烟、喝酒、打架等行为的不同看法，以此纠正男生的错误。

借力家长及利用青春期学生“异性影响异性”的方法——用女生的

表述和欣赏，让张鹏很快意识到了自己行为中的诸多不妥之处。虽然这个叛逆的男生在青春期还有很多其他问题，但他的进步也是非常明显的。

这样的结果，真的不是老师一个人的努力所能达到的。

合班风波

“老师，你快去班里看看吧，两班同学又吵起来了。”

9 月 1 日，开学第一天，在经历了一个漫长的暑假之后，学生重返校园。

9 月 2 日，经学校领导研究决定，把学校几个班级进行了调整合并，两个高二音乐班合二为一，我成为这个新艺术班的班主任。

9 月 3 日，合班后的第一天，因为谁打扫卫生区，两班同学吵了起来，我耐心劝导说教。

9 月 4 日，因为谁做正班长，两班同学又吵了起来，我大讲特讲做人的道理。

9 月 6 日，为下周一升国旗时，谁首先在国旗下进行演讲，两班同学怒目而视，我开始发火。

9 月 12 日，班委会成员中还缺少一名文艺委员。晚上班会时，我让班长和学习委员负责召开班级竞选文艺委员大会。竞选方法是有意愿者先上台演讲，然后全班同学进行投票选举。选举结果出现了一人投多张选票的现象，选举结果被迫作废。两班同学又发生争执，甚至有同学在班里大吵大闹。

面对这样一个合在一起已经两周但同学们还“势不两立”的班级，我天天在班中讲道理，可班中还是“战事”不断。看来，我的有声说教已经激不起同学们心中的涟漪，化不开他们心中的冰雪。偶然的一次机会，我听到了一首歌曲《心太软》（学生版）。

你总是心太软，心太软，
独自一个人讲课到铃响。
你任劳任怨地分析着课文，
可知道学生心里太多勉强。
你总是心太软，心太软，
把所有问题都自己讲。
教学总是简单，交流太难，
不是你的，就不要多讲。
铃响了，你还不想停，
你还要再讲几分钟吗？
你这样讲解到底累不累？
明知道学生不会给你安慰。
只不过想好好讲透课文，
可我们无法给你满分。
多余的牺牲，你不觉得心痛，
你应该不会只想做个“讲师”，
噢，算了吧，就这样算了吧，
该放就放，再讲也没有用，
傻傻等待，我只学会了依赖，
你总该为学生想想未来！

这首歌让一向喜欢说教的我豁然开朗，给了我解决班级棘手问题的新思路。

学生品德的形成过程应该是道德主体的自我建构过程，教育只有实现由外在价值灌输到促进学生品德的自我建构的转变，才能真正提高德育的实效性。

我决定另辟蹊径。

晚自修第三节课时间，我再次走进吵闹的教室。这次，我什么也不再说了，只是在黑板上飞快地写下了这样一段话：“我原本是一个喜欢说教的人，但我知道，自己说得太多，效果并不好，所以我常常提醒自己，长话要短说。今天我怕自己再说、再讲，会显得我这个班主任啰唆，所以，我决定把今天想说的话，全部用无声的文字来表达，因为书面的文字比起口头的语言还是要文雅得多、精练得多。”

我是一个非常热爱班主任工作的人，为事业、为班级、为同学们一直积极、乐观而又努力地工作着，毫无怨言。但自从我接手这个新班之后，我开始天天被班中发生的“战事”所困扰，以至于无法快乐地工作，我感到从未有过的疲惫，我甚至开始怀疑自己，难道我这个在许多人眼中优秀的班主任，真的不能胜任这个班的班主任工作吗？为此，我困惑，我不安，而这些都是你们——我最爱的学生给我制造的。我一直在想：是什么使两个曾经非常友好的班级，坐在一个教室后互相排斥、不再友好？作为班主任，我该怎样做，才能使同学们消除其中的隔阂，真正做到合二为一？对此，我有太多的想法和期待，但，今天我什么都不想再说了，我只想把自己的所思、所想、所盼，浓缩在短短的几行文字中。

于是，我模仿汪国真的诗，快速地在黑板上写下了一首不能称其为诗的诗。

如果不曾合班

也许

我们不会有共处一室的机缘
如果
不能和谐融入新的班集体
也许
我们很久都不会轻松

其实
一份宽容
便足以让波涛骇浪的心海平静
在朝夕共处的狭小教室里
更深地读出风景

一份理解
便足以赢得一颗年轻的心
在青春的岁月里
去更深地读懂友情

理解怎能不从容不迫
关爱又怎么会
无动于衷
只要我们彼此付出真诚
就是无憾的人生

同学们

让我们把所有的不愉快
都化为彼此生命历程中的
一段记忆吧
让一切不愉快
都成为过往
让我们携手走向美好

写下这些文字后，我决定什么都不再说，径直走出了教室。我知道，对于这些十六七岁的学生来说，此时，任何有声的说教和指责，都会显得苍白而又无力，任何说教都难以使他们真正坐下来。所以，我选择用无声的文字，来表达自己内心深处的感受和对同学们的热切期盼。

我这样做会有效果吗？同学们，尤其是那些爱争执的艺术班学生，他们能明白我的良苦用心吗？第二天，我依然沉默着，可班里看起来已经风平浪静。到了晚上，我再次来到教室，只见两个班长正在主持召开以“理解、关爱”为主题的班会，黑板上赫然写着：

曾经
我们有过争执
曾经
我们有过磕碰
但
一切硝烟都已化为云烟
消散到了空中

既然命运让我们走到了一起
分在了同一个班级

那么

就让我们彼此珍惜

我们的生命

也会因珍惜

而变得更加美丽

让沟通从此刻开始

让理解、关爱

成为我们今后共处的永恒话题

教室里，同学们在真诚地交流着，曾经的争执、吵闹已经烟消云散。看着这一切，我知道，我的目的达到了。

我与青春期“刺儿头”学生过招

所谓青春期“刺儿头”学生，就是那种特别叛逆、油盐不进、软硬不吃、浑身是刺的“问题学生”。

每个班级都会有一些“刺儿头”学生，在我2006年春节过后中途接手的高一艺术班里，就有这样的四个学生。在我们学校，这四个学生也被很多老师戏称为“四大金刚”。

小李就是我们班“四大金刚”之首，经常参与打架斗殴，扰乱课堂秩序，甚至还对苦心教育他的英语老师挥过拳头。原来的班主任也是在一气之下辞去了班主任工作，于是我被学校领导“火线提拔”，成了这个问题多多的艺术班的班主任兼数学老师，从此开启了我与班中这几个“刺儿头”学生斗智斗勇的成长历练岁月。

记得初接这个班的班主任时，年轻的英语老师曾几次把书本摔在我的面前说：“呼老师，咱们班的英语课，我真的是没法再上了。”看着生气的英语老师，再看看这些“问题学生”，真的让我头疼不已。

由于我的严肃认真，加上学校领导、同事、同学对我的高度评价，我走马上任的前几天，整个班级表面看起来还算风平浪静，小李和他的“金刚”队友们，看起来也还算老实。对我，他们也还挺客气的，只是远远地看着，不敢轻举妄动，表面看起来也收敛了很多。我心中窃喜。

可是好景不长，相安无事不过才一周，小李就在一次英语课上与英语老师发生了激烈的冲突，并且还在课堂上和老师撸起了袖子、拍起了桌子。当班长把我叫到教室时，他们已经到了险些要动手的地步。

看见我走进教室，小李先是沉默了一阵子。教育的时机来了，于是我便开口讲起自己一路上酝酿出来的教育开场白：“你怎么能和老师动手呢？作为中学生，你应该尊敬老师，有话好好说，和老师挥拳头，真的不应是一个高中学生该有的行为……”

我话还没说几句，小李就开始不屑地对我嚷道：“你烦不烦，这样的大道理我早就知道，并且懂得也不一定比你少！”我忍住怒气，让他跟我去办公室里冷静冷静，然后再与英语老师进行沟通和交流。也许是小李看我是个瘦弱的女教师，外表也并不威严，于是大声地质问我：“我知道，你们老师都是一伙的，我还知道你肯定会向着英语老师说话，会批评我的，英语老师天天看我都是一副很不顺眼的样子，我和英语老师没有什么好交流的，和你同样也没有什么可说的。”

我一时被他的话堵在那里，实在是忍无可忍，我打算上前拽他到我的办公室。他却一个转身，一副很不屑的样子对我说：“就凭你那又瘦又小的模样儿，还想和我过招儿？得了吧，你还是给自己省点力气吧！你知道前任班主任是怎么被我赶走的吗？”

看看他一米八多的大个子，再想想他与好几位老师的交手经历，我当时犹豫了一下。最终，我还是选择了转身离开，打算回办公室好好想一想，或者打电话叫他的父母来学校把他领回家，让他在家好好反省一周。

身后传来了他的一阵坏笑。他一边笑一边和周围的同学嚷嚷：“新来的班主任也不过如此。所谓的优秀班主任，看来也不过是传说中的优秀而已，估计也是徒有虚名，她还不是一样拿我没办法？还不是照样被我吓跑了？瞧她那又瘦又小的模样，哪里是我的对手？”我真想追上去，踹他两脚。但是，那样做的后果又是什么呢？我知道，只能让原本并不和谐的师生关系变得更加不和谐。

事后，我对这个“问题学生”进行了深入的调查和研究，也把自己对这个“问题学生”所犯错误的处理进行了深刻的自我反思：从整个事件来看，“问题学生”小李自身肯定是有问题的，作为班主任，我对他的教育和引领不仅必要而且非常重要；从小李的反应来看，我对他所讲的大道理也肯定是正确的，因为他不但认可，而且熟知老师教育他的一切道理；但从我说服教育的效果来看，我对他的说教效果几乎为零，甚至可能还是个负数。毕竟，最后的结局说明了这一切。

由此可以看出，即使班主任说教的内容再正确，教育的方法如果不恰当,也不会产生理想的教育效果。但是,对于小李这样的“问题学生”，软办法不灵，硬办法不行，新办法又在哪儿呢？我陷入了深深的思考之中。

原来，小李从小生活在一个父母离异的家庭，他的父母也因为都再次组建了新的家庭，不愿意再负责他的教育问题。他从小就被迫跟着爷爷奶奶生活，爷爷奶奶对他自然是很娇惯，让他无形之中滋长了很多的坏毛病。

在这个文化课基础普遍较差的艺术班里，他的学习成绩其实也并不算十分差，只是他刚到这个班的时候，曾经被个别同学嘲笑过，说他是个“头脑简单、四肢发达的人”。自卑和抗拒，让他凭借自己的特殊身高和浑身的肌肉，将嘲笑他的同学一个个“征服”。一段时间里，他成了班中的“大哥大”，打败对手，似乎也成了他的唯一追求。

如何走近这样一个外表强悍、内心脆弱的学生？一段时间里，我陷入困顿之中。

一次偶然机会，我读到王维审老师的一篇教育“问题学生”的文章。王老师面对“刺儿头”学生时，不是说服教育，而是使用无声的文字走进了一个高大威猛的学生内心。这让我颇有感触，也很受启发。于是，我也模仿王维审老师的做法，写了一篇小文并且把它夹在了小李的数学作业本中。在这篇文章中，我借用王维审老师的几句话表达了我对小李同学的理解和认同：“我不是你的对手，我真的不是你的‘对手’，更不是和你打架的‘对手’。你真正的对手不是别人，而是你自己，你只有打败自己心里的自卑，然后去寻找你真正需要的东西，才能让自己今后的人生之路走得更为顺畅……”

第二天，他在交来的数学作业本中也给我回了一张纸条：“呼老师，其实我也不想惹你生气，只是有时我也管不住自己。”我走进教室，看到他很不好意思地摸着脑袋对我说：“老师，对不起，我好像懂了。”

一句“老师，对不起”，让我的心一下子变得柔软起来，也让我找到了教育的感觉。

从此，我坚持把发生在小李身上的故事一点一点地写出来，并及时夹在他的数学作业本中。不好的事，我表示深深的遗憾；好一点的事，我在班里大加赞扬。慢慢地，小李没有那么强硬了，他身上的“刺儿”也软了很多。时不时地，我找他聊聊天，和他说一些学习之外的他感兴趣的话，他也开始有事没事找我聊天。后来，在学生对教师的学期测评中，我被他写成了一个有爱心、有魅力的班主任老师。

看来，我心温柔，自有一种力量！

我知道，我终于走进了他的内心，打动了他的心灵。我用真诚、温柔，还有无声的文字，一点一点地走进了一个外表坚硬、内心脆弱的青春学子的心灵。

再后来，小李毕业了。他最终没有如愿考进理想的大学，去了一所职业学校读书。他从职业学院毕业后，在平顶山的一家物流公司工作。几年后，当他把一家物流公司经营得有声有色时，他开始不断地给我打电话、发短信，也开始不断地回来看我。

2015 年春节，他出资筹备了 2006 级同学聚会。在聚会席间，小李对我说出了一段极其深情的话语：

呼老师，感谢当年您对我的不弃，虽然我最终并没有走进理想的大学，但今天，当我把一家物流公司经营得有声有色时，我又一次想起了您，是您成就了我，让我懂得了什么是责任与担当。感谢您当年给我们搭建了自主成长的舞台，让我们在这个舞台上能跑的跑，能跳的跳，能飞的飞。

回望自己一路走来，尤其是对小李的教育，我感触颇多。其实，每个学生不良行为的背后都有一些未被满足的内在期待，从他的潜意识来说，其当时的行为也许就是当下环境里最符合他自己利益的做法。

学生不良行为的背后都有一些正面的积极的动机，读懂了学生不良行为背后的深意，再去选择合适的交流方式，我们就能走进学生的心灵，抵达教育的深处。而教育一旦走进了学生的内心，让他们有了自我成长的渴望和觉醒，教育就不再需要那么多的捆绑和压制。

对小李的教育，也让我认识到：学生青春年少，在成长的过程中有无限的发展可能。而我们永远不要因为他今天的无知、脆弱、任性、倔强，就认定他一无是处。其实，每个学生都有柔软的一面，这个世界从来不缺少美好，有时只是缺少发现美好的眼睛。

在与小李的一次次交锋中，我明白了很多。有些孩子，成绩不一定好，也不一定很听话，甚至他的成长都是极其缓慢、艰难的，但是，只要我们不放弃，最终学生会一天天地长大。小李的成长故事让我深深地懂得，面对“刺儿头”学生，教师适时退让，迂回交锋，有时并不是输，一时的退让反而会让我们收获更多意想不到的惊喜。

“刺儿头”学生小李的转变，也让我开始重新思考德育：在我们已经习以为常的强制、灌输之外，是不是还会有更好的德育实践路径和手段？于是，我开始了基于自己教育故事的一系列德育实践，并在不断的摸索中有了更多收获。

和英语老师拍桌子的男生

周四上午第三节临近下课时，英语老师推开了我的办公室门，生气地把英语书摔到我的办公桌上，说：“呼老师，你们班的英语课，我以后是没法再上了，你们班的那个叫小张的，上课看课外书，我批评他几句，他竟站起来和我拍桌子，气得我差一点要和他挥拳头。”

小张是个“顺毛驴”，性格急躁，叛逆，听不得老师当众批评他。他的其他学科成绩还算不错，就是英语成绩比较差。上次他在语文课上睡觉，语文老师批评他，他就和语文老师顶撞，在班内影响很不好。没想到才过去两周，他又和英语老师杠上了。

英语老师大学毕业不到三年，比较年轻，对工作很有热情，但对学生时常有一种“恨铁不成钢”的着急心态，责任心使他不允许学生在英语课堂上开小差，看到不好好学习的学生，他爱批评，有时甚至和学生“着急”。这次小张在英语课上看课外书，老师就在全班同学面前狠狠地批评了他，结果小张就和他杠上了，师生关系也因此而变得紧张起来。

看到英语老师生气的神情，我首先表达了对他的理解，并安慰他说：“小张最近在我的数学课上学习状态也不是很好，他虽然人在教室，心却游离在外。你先消消气，我一定会很好地处理这件事情的。”

也许是我的认同，让英语老师稍微缓和了一下激动的情绪。等英语老师离开后，我赶紧把小张叫来，进一步了解情况。我对小张说：“今天老师找你来，是想听听你的心声，了解你怎么看待自己和英语老师拍桌子的行为，期待你对自己能有一个全面的认识。你可以把自己的思考和老师当面交流，也可以用文字来表述自己的心情。”

晚上，小张给我交来一份材料。材料挺长，其中有一段话引起了我的注意：“我不喜欢英语课，更不喜欢英语老师，因为他总是当众批评我们这些英语成绩不好的同学，他没有我初中时的英语老师好。每次上英语课，我也想好好学习，却总是没有心思。这次，我和英语老师拍桌子，是因为英语老师在课堂上挖苦我，我实在控制不住自己的情绪才顶撞了他。现在我的英语成绩下滑得很厉害，我甚至对学好英语失去了信心。”

通过交流，我还了解到，小张对英语老师的成见缘于开学初的一次英语课上。他上课走神，把一道比较简单的英语题做错了，遭到了英语老师的严厉批评。英语老师认为他上课不认真听讲，于是就接二连三地找他回答问题，而这种频繁的关注，刺激了小张的逆反心理，导致师生关系紧张。

细思小张和英语老师在课堂上的冲突，小张的反叛来自老师课堂上对学生的诸多限制和束缚，而老师的管制、学生的反叛、师生双方彼此期望的巨大落差，造成了师生的矛盾和冲突，师生双方也都存在着需要思考和改进的地方。

我们知道，逆反心理是青春期学生一种抵触性、暂时性的心理现象。学生逆反心理的实质是为了表现个性、突出自我，心理学将逆反心理称为“心理上的抗拒”。一般情况下，学生逆反的目的并不是要故意与老师作对，而是为了表现自我、保护自我或突出自我，并在内心筑起一道

“防感化层”。因此，从心理学角度来看，青春期学生的叛逆是正常的，逆反是每个人自我心理发展的重要阶段，体验逆反并接受教育的过程对于学生形成健全的人格具有重要的意义。

青春期学生逆反的情况一般有以下几种：一种是合理的需要（如被尊重、被关注）得不到满足，因而以逆反行为来发泄心中的不满，这种情况需要我们弄清学生的需求，然后满足之，逆反自然就会消失。另一种是老师、家长的观念、做法不符合教育规律，学生本身是受害者，他们为了自我保护而逆反——看起来是学生跟老师、家长作对，其实是老师、家长违背了学生成长的教育规律。教师如果能自觉发现并清醒认识改正，往往会成为成长的契机。还有一种逆反，是盲目逆反，是学生把跟老师、家长作对当作一种乐趣。这种逆反虽然不多，但是需要老师、家长进行耐心的引导、纠正。

小张初中时英语成绩不错，可是到了高中成绩却突然下降。其实，这是一种典型的“厌屋及乌”心理导致的学习行为异常，加上他本身是个“顺毛驴”，听不得别人对他的公开批评，而英语老师偏偏忽略了他的这种心理需求。正是这种心理期待上的巨大落差，造成了师生课堂上的冲突。

在小张和英语老师之间构成的师生学习共同体中，老师喜欢的是乖顺听话的学生，而学生欣赏的则是风趣、幽默的老师，双方的期望值本来就存在着落差。再加上师生沟通的缺失，对话的不平等，老师也缺乏对学生个体的有效关注，忽视学生的情绪状态和心理体验，同时学生也对老师产生误解，就导致了学生学习兴趣的丧失和对老师所教学科的抵触。

“解铃还须系铃人。”要平复英语老师的情绪，解开小张的心结，需要我参与、协调双方当事人的理解与认同。为此，我采取如下沟通策略。

1. 认同英语老师的情绪

在与英语老师沟通的过程中，我发现英语老师谈论最多的话题是班级学生的学习情况和在校表现。于是，我首先认同英语老师的做法，表达自己对英语老师严格要求学生的深深理解。待英语老师平复情绪后，我进一步主动与英语老师互通情况，直面问题，诚恳地向英语老师征求班级棘手问题的处理意见，倾听英语老师对班风、学风建设的合理意见及对小张教育个案的处理意见。当英语老师抱怨小张这类孩子上课学习状态差时，我说：“是的，小张这孩子，上我的数学课也是一样的，学习总是不在状态。”这样先在情绪上和他产生共鸣，然后就自己准备怎样教育小张这样的学生，和英语老师一起想办法，共同直面教育的困难，让英语老师找到一种“身在班级”的价值感和归属感。有了这些情绪的认同做铺垫，后面的师生沟通、生生沟通就能比较顺畅了。

2. 引导学生坦诚自己的错误

最让人讨厌的孩子，往往是最需要爱的孩子。 惩罚虽然能暂时制止学生的不良行为，但并不能永久性地解决问题。只有通过鼓励来帮助学生体验到归属感和价值感，才能获得长期的积极效果。

为此，针对小张的情况，我制定了一套名为“沟通三步曲”的引领方案。第一步，我先和英语老师进行沟通，委婉地向他反馈了小张的一些情况，并说小张本质不错，就是性格有点急躁，他也想改过自新，就是担心老师仍然用老眼光看待他，所以才自暴自弃。英语老师表示谅解并流露出愿意配合的意愿。第二步，由我牵线，让小张主动和英语老师真诚交谈，承认自己的错误，英语老师也很宽容，说自己对他并无恶意，而且非常关心他。经过双方的坦诚交流，师生立下了君子协定，以后会好好配合。这种当事人面对面的坦诚沟通与交流，既增进了师生双方的了解，也促进了双方的心理认同，化解了学生心理对抗的情绪。第三步，当小张在英语课上有了点滴进步时，我建议英语老师要及时表扬他，并赋予他一些责任和义务，这样既增进了他和英语老师接触的机会，加强了师生情谊，也增强了他学好英语的主动性和责任心。

3. 让任课教师和学生一起参与班级管理

为了协同班级更好地发展，每次召开班会时，我都会邀请班级的任课教师参加班会，并就学生在学习、纪律等方面存在的问题，让任课教师参与管理。首先，在学习辅导方面，班主任一定要顾全大局，不能“近视眼过独木桥——光顾眼前”，只抓好自己所教的学科，而忽略其他的学科。此外，要深入到任课教师中，了解学生还存在哪些薄弱环节，一起在班会上解决。其次，班务工作计划的制订、实施和总结，我都吸纳任课教师和同学们的意见和建议，尤其是班务阶段性工作，如主题班会、三好学生的评选、社区服务、学校重大活动等。最后，我作为班主任，要关心、了解任课教师的工作，努力搞好各个学科教师和同学们的关系，不断通报学生及班级管理的工作情况等。对于任课教师和同学们提出的合理意见积极采纳，不能置之不理。另外，我还依托班会及所有能与学生沟通的机会，教会学生懂得感恩，懂得尊重，感激自己的任课教师，不能因为不喜欢某门课程，就忽视这门课，也不能因为任课教师不是班主任，就觉得任课教师没权力管理班级，没权力教育学生。通过多方面的协同沟通，我与任课教师、全班学生达成共识，进而形成工作上的合力，使班级教育教学工作不断取得进步，班级很快步入快速和谐发展的轨道。

班主任是班级工作的组织者和管理者，没有务实有序的班主任工作，没有任课教师的协同参与，没有学生的努力进取，班主任工作的效果只能是海市蜃楼。在班级里，教师与学生难免会有一些磕磕碰碰，尤其是当学生与任课教师发生矛盾和冲突时，班主任如何协调好任课教师与学生之间的关系，就显得至关重要。

班主任工作是一门艺术，班主任既是学生与任课教师之间的桥梁，也是班级的领军人。实践证明，班主任仅仅依靠个人的力量来完成对学生的全部教育任务是不可能的，也是不现实的。班主任应该主动与各任课教师联系沟通，只有班主任与任课老师的关系协调，感情融洽，才能实现班级共同发展的美好愿景。

总之，作为一名班主任，要有长远的眼光，要顾及班级整体的教育教学工作，经常与任课教师、同学沟通，认真倾听他们的意见，积极配合任课教师的工作，充分调动班级同学、任课教师参与管理班级的积极性，才能把班级管理工作抓出成效。

为情所困的优等生

“心仪的她总是牵动我的神经，不经意间，目光总是追随她的身影，我该如何走出情感的泥沼？游离的心，又该如何尽快回归到当下？”陷入情感纠结的小明（化名）在自己的QQ空间里如是说。

青春，是烦恼与神往交织的季节。青春期的懵懂感情，对于每一个步入花季的少男少女来说，既是一段刻骨铭心的经历，也是一段艰难成长的历程。作为班主任，如何做好学生成长路上的引路人？如何处理好男女生的这段懵懂感情，引领学生走出青春期的迷茫？

几个孩子正玩得不亦乐乎，一个小家伙突然摔倒在地，并立即哇哇大哭。

大人处理的场景多是这样的：给孩子拍掉身上的泥土，嘴里说着要孩子立即停止大哭的话；或者鼓励勇敢点，自己爬起来，别哭；再不就是朝地出气，说这地真坏，看我不打它……

一个小女孩是这样处理的。她一看那跌倒的小家伙，愣了愣，接着，跑过去，装着一下子跌倒了，就跌在那小家伙的身旁，她跌倒了，还笑得咯咯响。那小家伙一看小姐姐，也笑了，抹抹泪，又玩了起来。

这是王晓春老师《今天怎样做教师》一书中的一个案例，这个案例曾让我回味无穷、欢喜不已。也许，小女孩并没有从深层考虑她行动的意义，但小女孩放低自己，以一个共同遭遇者的身份去感染小家伙的做法，却充满了灵性。小女孩的做法之所以能取得这么好的效果，我想，是因为她在处理这件事情的时候放低自己，以一个共同遭遇者的身份和小家伙一起跌倒，而不是像成年人那样以一个高高在上者的身份出现在孩子面前的。

这个案例给了我很多智慧启迪。针对走进早恋学生，我决定从“共同遭遇”开始。回想自己的青葱岁月，也曾陷入情感的泥沼。为打开学生的心结，我从“老师的早恋故事”入手，为学生们讲述“一个为情所困的故事”，并开展一次关于“情感与学业”的话题讨论。

16 岁那年，一个女孩读师范二年级，和很多青春期的女孩子一样，她陷入了情感的泥沼。当时，女孩是班上的数学课代表，一天，从省城分来了一批实习的大学生，其中一位高大、帅气的数学系男生来到了女孩所在的学校，并成了她的数学老师。作为数学课代表的她，在与数学老师的接触中，很快被数学老师的阳光帅气及学识所吸引，无可救药地暗恋上了数学老师。从此，数学老师成了女孩心中的太阳。老师的出现，既让女孩感受到了阳光的灿烂，也让女孩感受到了青春的烦恼。数学课成了女孩的期盼，也成了一种情感的纠结。课堂上，虽然女孩努力地集中精力，但她的心还是常常游离于课堂，心中的迷茫和混乱让她不知所措，数学成绩也一落再落。女孩陷入了学习与情感的纠结之中，她艰难地行走在自己的青春路上，既不敢告诉父母，也不敢告诉老师。在苦苦的挣扎中，她走过了师范二年级的下半学期，数学老师实习期满，走了，女孩带着一种复杂的心情看着老师离去，心痛而又茫然。青涩的岁月就这样在挣扎和游离中艰难度过，日子既盈满了期待，也充满了煎熬。

在意志和迷失的艰难搏斗中，女孩到了毕业季。第一次月考——

成绩惨然，此时，女孩才彻悟，如果再这样沉迷下去，自己整个人生将一无所获。觉醒的她开始拼命学习，并为自己写下青春的誓言：努力拼搏——只为无悔青春！后来，女孩毕业，她走进了大学，读了大学数学系，也做了数学老师。那段青涩岁月便永远封存在她记忆的深处……

故事讲完了，很多同学笑着问：“老师，故事中的女孩是不是你？”在同学们的笑问中，我说：“是谁，其实并不重要，重要的是昔日的女孩和今天的你们一样，也曾陷入情感的泥沼，也曾走过一段青涩的岁月。欣慰的是，她战胜了自己，走出了情感的低谷，实现了自己的梦想！”

接着我引出了讨论话题：“如果，曾经的她，就是现在的你，你会怎么办呢？”此话题一出，一下子激起了学生参与讨论的热情。思维碰撞中，各种观点精彩纷呈：

为情所困时，我会选择勇敢地走近！因为，喜欢一个人本身并没有错，但如果这种喜欢影响到了学业，影响到了成长，那才是错！

我们追求学业，我们向往爱情，但对于学生时期的我们来说，学业才是最重要的。

爱情是美好的，但暂时不属于学业未成的我们，走出情感的沼泽，为自己制定好人生目标，并朝着自己的目标前进，是我们的明智选择！

…………

同学们积极参与讨论的过程，真的是既紧张又热烈，那种青春的热情和成长的渴望，让我震撼，更让我感动！

讨论结束时，我告诉同学们：“如果，此时的你，正陷入情感的沼泽，请别忘了及时地走出。如果你觉得自己难以自拔，老师会陪你一同走过！”终于，我的故事和同学们的热切讨论触动了陷入情感泥沼的小明，几天后的一个晚上，他走进了我的办公室。于是，我与他便有了下面一段对话——

“老师，我也无可救药地喜欢上了一个女孩。为此，我无心学习，甚至寝食难安，我该怎么办？”说这话的时候，他脸红了。目光里有期待，有羞涩，还有点话出口就后悔的味道。

尽管我已经有了心理准备，但还是大吃一惊。没想到他会这么快就走近我，并且问得这样直接。为了不使他尴尬，我眼睛没有离开正在批改的数学作业，但我分明感受到了一颗惴惴不安的心。

他在观察我的态度，期待我的回答。我知道他既渴望从我这里得到解决问题的答案，也渴望学到我这个过来人的“解题方法”。

“那就去追吧！”我慢悠悠地回答，眼睛还是没离开学生的作业本。

我的答案显然出乎他的意料。他怔了一下，如释重负。

“怎么追？”他眼睛放光，很兴奋的样子。

“那个女孩子学习怎么样？”我把眼光离开学生的作业本，问道。

“比我好，在班里是前三名。”他语气明显有点沮丧。

“人家对你有感觉吗？”我接着问。

“不知道，好像没有。”他有点黯然。

“她漂亮吗？”我又问道。

“说不上很漂亮，但我觉得很有气质。”他的眼睛重新放光。

“你真有眼光！”我笑着说，“那么，你一定知道‘郎才女貌’这个词了，也一定理解这个词的含义。一般来说，女孩子最欣赏才华横溢的男孩，要想让人家对你有感觉，欣赏你，那就把你最优秀的一面展示出来吧。”他若有所悟地点点头。

“这个女孩子有什么特长？”我继续问道。

“语文学得特别好，每次考试都是全班第一，文采更好，还发表过几篇文章。”他感慨道。

“可你最差的就是语文，怎么让人家欣赏你呢?”我深挖狠剖。

“老师，我明白了，您的意思是，要我拿最好的成绩给她看。”

“是的。”我说道，“老师不反对你和她交往，前提是人家女孩子不讨厌你，但是千万不要穷追不舍。喜欢一个人，首先要学习她的长处，你可以请教她学习语文的方法，我相信，她对你学习数理化的方法肯定也很感兴趣。这样，你既有了走近她的机会，对你提高语文成绩也会有很大的帮助。”

“还有什么?”看得出在他心目中已经把我升级为导师了。

我见火候差不多了，就继续说道：“恋爱、结婚预示着要组成一个家庭，组成家庭就意味着要承担责任和义务，这种责任和义务一旦承担起来，就不能再从肩上卸下来。我不想说现在学习多么多么重要，也不想说‘恋爱’会分散注意力、影响学习等等，单说这些责任和义务，你觉得自己现在有能力承担吗?”

“我还真没有想过这么多，也没想到恋爱会这么复杂啊!”他叹了口气。“那我现在该怎么办?”他继续问道。

“我觉得你现在的主要任务是静下心来，搞好学习，用成绩赶超心仪的她，暂且把对她的这份感情埋在心里吧！争取明年和她相约在理想的大学。那时候，再谈感情也不迟。”

“老师，我知道自己该怎么做了。”说完，他走出办公室。看着他离去的背影，我知道，他已经给自己注足了学习的动力，他不会让我失望的。

两年后，这个男生考进了自己理想的大学，并和自己心仪的女孩牵手。当然，这只是个案，也许并不具有代表性，这样的结果也绝不是我一次谈话的功劳。

毕竟班主任和学生相处，不是简单的一起吃饭的问题，而是要走进每个学生内心的问题，因为只有走进了学生的内心才可能明白他的想法，明白他的心理。现实的谈心往往只是进行了谈的行为，很难走进孩子的内心，偶尔一次谈心的教育效果都可能是虚假的教育，教育从来不是简单的事情。

这次谈心，因这个学生自身的优秀潜质和他的主动走进，给他指出了走出迷茫的方向，也为其后来的人生发展留下了难忘的印象。多年之后，当这个学生和他当年心仪的女孩携手走进婚姻殿堂时，还不忘盛情邀请我参加，并依然清晰地记得当年我们谈话的内容。

向校园欺凌行为“亮剑”

张莹（化名）是个内向的姑娘，平时在班里并不引人注目，却被人打了，被打得鼻青脸肿。她的痛和泪，全都写在脸上，流在心里。我懂她心中的痛，所以任她在我面前泪雨滂沱。但她的泪，还是扰乱了我这个班主任的心。我一边递给她纸巾，一边问道：“告诉老师，你遭遇了什么？”

起初，她不抬头，只是一味地哭泣。我知道，此时的她并不愿意把自己心中的痛，在老师面前一层一层地剥开，但从她惊恐的眼神里，我还是读出了一种被人威胁后的恐惧。于是，我说：“不管你遭遇了什么，请相信老师，老师会和你一起积极面对困难，老师就在你的身边，就在你伸手能够摸到的地方。”

也许是我的话触动了张莹，下午她又一次走进了我的办公室，并主动向我敞开了心扉。原来是班上的李琳（化名）纠集社会上的几个小混混打了她。李琳是我们学校的“名人”，她飞扬跋扈，欺辱同学，是很多老师眼中的“问题学生”。她辗转几所学校，颇费一番周折后才来到我的班级，可是来到我们班不到两个月，她又“旧病复发”了。

李琳的父亲常年在外跑长途车，对她疏于管教；她的母亲没有工作，喜欢打麻将，经常在自己的家中和一帮人打麻将至深夜。在这样的家庭环境中长大，她的身上自然滋生了很多坏毛病，尤其是来到我们学校后，她的学习成绩更是惨不忍睹，行为习惯也是一团糟，还与社会上的一些小混混纠缠在一起。平时在学校，只要哪个同学不入她的“法眼”，她就会纠集社会上的几个小混混找人家麻烦。其间，已经有不少同学受过她的欺辱，也有几位家长找到过学校，但大多数同学对她的强势欺凌敢怒不敢言。为此，我与她曾有过几次交锋，说服教育、停课、回家反省，而所有这些方法在她身上似乎并未起多少作用。

张莹与李琳曾经因为打扫卫生一事闹过一次不愉快。很长一段时间，她们两人老死不相往来，而这次矛盾的激化，据说是张莹要过生日，班里有个男生，也是李琳最喜欢的一个男生，给张莹送了一大束玫瑰花，这引起李琳的极端不满。于是，她纠集社会上的几个小混混，把张莹挤在一个角落里痛打了一顿，打完了还威胁张莹说：“如果你胆敢把被打的事情告诉老师和你的父母，晚上我还会再找几个男生狠狠地揍你!”

一个正值花季的17岁少女，面对自己的同学，仅仅因为一件小事，就做出如此恶行。看着张莹被打得红肿的脸，作为班主任的我，那一刻是愤怒的，我恨不得一脚把李琳踹翻在地，但我知道那样做的后果是什么。于是，我控制住自己的情绪，并开始认真思考：面对班级的欺凌事件，作为班主任，我该如何保护弱小?又该如何打击强势学生的嚣张气焰?“重拳出击”，向班级“恶霸势力”公然“亮剑”，是我冷静思考后的一种选择。

学生的成长受制于家庭、社会、学校等方面，而家庭是滋长问题学生的根本所在。中学校园欺凌事件的解决，仅仅依靠班主任、学校单方面的力量是远远不够的，教育“问题学生”需要学校、家庭、社会多方形成合力，共同去面对。

首先，我争取学校领导的支持，开始寻找借助社会力量。我找到一位在公安局上班的朋友，让他穿着警服来到学校，参与解决校园欺凌问题。这位警察朋友在我的盛情邀约下，几次深入班级，与同学们交流了解情况，还通过与李琳谈话、笔录等方式，制造一种紧张的气氛，给李琳施加社会压力。

其次，我又和被欺辱的学生张莹的家长电话联系，如实告知张莹被同学欺辱的事实，并表达了这样的事情发生在我的班级我也很难过。作为班主任，有监管不到位的地方，可是作为老师的我们也只是普通人，每天面对 60 多个学生，难免会有目光不及的地方。这次欺凌事件发生在放学之后的校外，我不可能时时跟着学生，所以难免会有监管不到位的时候。

张莹的爸爸在我们县城经营着一家小餐馆，一听自家姑娘在学校被人欺辱，立刻火冒三丈，骂骂咧咧来到学校。看到李琳，他一把拉住她就要打，所幸我和学校领导及在场的警察朋友及时地制止了他的冲动行为。作为班主任，我深深理解家长因孩子被人欺负心情，但冲动只能让事情更加糟糕。于是，我对张莹的爸爸说：“作为家长，看到自己的孩子被人欺辱，换了谁都会很愤怒的，但‘打’并不能真正解决问题。李琳虽然很可恨，但她毕竟是个孩子，在成长路上难免就会犯一些错误，家长如果在冲动时打了学生，会产生无法想象的后果。”

也许是我的温和劝说起了一些作用，加上有公安局的朋友和学校领导在场，张莹爸爸没有做出过激行为，但我的劝说并没有平复他的冲天火气，他甚至在我的办公室里扬言，如果李琳再欺负他家姑娘，他就要让李琳爬着出校园等等。说实话，面对张莹爸爸的咆哮和恐吓，那一刻，我既担心也有点后怕，生怕他会在冲动中做出过激的事情，但我还是选择了不作为（前提是他对李琳没有直接的人身伤害）。

当我们遇到跟老师和学校撕破脸皮的家长，我们也许能从他们的崩溃失控中看到期望；当我们遇到打着领导旗号并口出狂言的家长，我们也许能从他们的骄横狂妄中看到脆弱；当我们遇到孩子成绩稍有波动就对老师频频提要求的家长，我们也许能从他们的焦虑敏感中看到控制；当遇到一味强调对孩子打骂都不管用的家长，我们也许能从他们的简单粗暴中看到无助……

面对家长的暴躁、偏激的情绪和言语，我们需要给予他们缓冲的时间和空间，还要理解家长言行背后的愤怒和内心的诉求。选择不作为，是因为我觉得自己这样做，一是想借助被欺辱的张莹爸爸的力量，给李琳施加一些实实在在的压力，让她对自己的欺凌行为后果有一种后怕。看着张莹爸爸愤怒的神情，听着张莹爸爸发飙的话语，再看看李琳一脸的惊恐，那一刻，我觉得自己的不作为还是很有效果的，因为我清晰地感受到了李琳的害怕。

同时，我又和李琳妈妈进行电话联系，要她及时来到学校，承担自己作为监护人应该承担的责任和义务。最初，李琳妈妈接到我的电话得知自家姑娘又在学校惹了祸，就推说自己很忙，没有时间到学校解决孩子的问题。很显然，这是一个爱推脱责任的家长，她既不懂得孩子犯错后，作为家长要让孩子去承担该承担的责任和义务的道理，还刻意地去袒护自己的孩子。面对这样一个家长，我选择用既温和又坚定的语气对李琳妈妈说：“孩子犯错，是她成长过程中不可避免的事情，作为家长，我们无须逃避，更不要帮孩子推脱责任，而应该抓住机会，教育孩子去真诚面对自己的过失，承担自己该承担的责任。如果家长一味地选择逃避和推脱，那么，孩子的未来只能更加糟糕。”

所幸李琳妈妈对我还是有几分敬畏的，于是她很快来到学校，看到愤怒的张莹爸爸，李琳妈妈的第一反应是，一拳打在了李琳的身上，嘴里还不停地骂道：“你这个死丫头，我和你爸爸辛辛苦苦地把你养大，供你上学有多么不容易，而你却在学校不好好学习，还干了这么多的坏事。”对李琳妈妈的行为，我依然选择了冷眼旁观。沉默有时也是一种无声的批评，笃定和理智是我此时保持平衡的最好支点。况且，她毕竟是李琳的妈妈，我知道，她即使再生气，也不会对自家孩子下狠手，这样也借机让张莹和她爸爸消消气。而此时的李琳，简直就是腹背受敌，孤立无助。当所有人都“表演”到位后，这时我才开始扮演一个慈悲者的角色，为李琳讲情：“李琳如此欺辱自己的同学，作为班主任，我对她的这种欺负弱小的行为，也觉得很难原谅，所以，李琳需要为自己所犯的错误承担责任，给张莹道歉的同时，还要支付所有的医疗费用。李琳毕竟还是个学生，在成长的路上难免会犯这样那样的错误，我觉得我们还是要根据她的态度和表现，再给她一次悔过改进的机会。”此时，李琳向我投来了感激的目光。

这件事情发生以后，尽管她的身上还是有这样那样的坏毛病，很多坏毛病一时难以改掉，但慑于学校、社会、家长的压力，校园欺凌这样的事情在李琳身上真的收敛了很多。

“问题学生”的根源在家庭，表现在学校。回想整个事件的处理过程，我没有过多的说教，因为我深知，作为一个小小的班主任，自己所能做的真的很有限，尤其是对于学生的校园欺凌行为，有时仅仅依靠班主任单方面的力量将问题很好地解决，是非常不现实的。

作为班主任，我们要学会借力打力，要勇于向校园欺凌行为“亮剑”，唯此，校园环境才能得以净化。

关于青春期学生问题的几点思考

为了更好地面对和处理青春期学生的问题，我们需要厘清两个概念，一是“青春期学生问题”，二是“青春期问题学生”。

厘清青春期“学生问题”和“问题学生”

王晓春老师说，所谓“学生问题”是从来就有，并且伴随着学生的成长会不断发生的普遍问题；而“问题学生”是指那些与同龄学段学生相比，由于在成长中受到家庭、社会、学校等方面不良因素的影响，从而导致在心理、行为等方面偏离常态，需要在他人帮助下才能解决问题的学生。

很明显，“问题学生”是由于“学生问题”没有及时得到关注，在较长时间内不能解决，逐渐积聚、发酵、激化，而集中爆发的个别学生。“问题学生”的问题，不是天生就有的，它的形成与许多因素密切相关，解决学生的问题，我们只有从源头入手，才能治本。我在初为班主任时，所遭遇的各种青春期“学生问题”，各有其产生的根源。比如个别学生的叛逆，让我们听一听几个叛逆学生的心声——

“我们的班主任，总以自己的方式纠正我们的错误，他对我的纠正，就像针一样在我的脑海中刻下了厌恶，我讨厌他给我的建议。我下决心继续犯自己的错误。”

“英语老师，他总是当着全班同学的面批评我，不管我怎么努力，在他眼中我都是个差生。既然他不喜欢我，我也就很难欣赏他了。今天他又当着全班同学的面批评我，我也是气急了，才和他拍桌子的。”

“数学老师总是一副居高临下的样子，看我们成绩不好的同学哪里都不对，他看我不顺眼，我看他当然也不对劲了 。所以，我才和他对着干，看他能把我怎么样！”

“我老爸、老妈除了关心我的分数，还是分数。一次没考好，我妈就絮絮叨叨，说什么我学习不努力、不理解父母的辛苦了等等，听得我都烦死了。每次回到家，我都有一种压抑的感觉，所以，才和父母不断地吵架。”

其实，青春期学生所有的反叛，都来自对老师、家长束缚和限制的反抗。对于学生青春期的叛逆，我们每个人或许都曾经历过，只是身为成人的我们，已经忘记这种成长的痛，甚至我们已经无法真正理解一个孩子的感受了。

作为班主任，面对青春期学生的问题，首先我们需要的是认同——认同学生青春期的独特，这是一种真诚地对学生的情绪和感受做出回应而又不被学生情绪所感染的能力。

逆反，预示着学生的长大，预示着学生有了自主发展的需求，有了自己对世界的思考、评价、行动。学生逆反并不是为了和老师、家长作对，而是为了表现自我、保护自我或突出自我，并在内心筑起一道“防感化层”。

有些学生大声喧哗，可能只是想引起他人的注意；有些学生激怒教师，也许只是因为教师一个轻蔑的眼神；有些学生拿别人的东西，可能只是满足自己的一种心理欲求；有些学生离家出走，可能只是因为父母缺少一句温暖的话语……

作为老师，我们需要关注学生的内心需求，我们需要了解学生各种问题行为背后的真实原因，从而理解学生通过问题行为来表达情绪和内心诉求的方式。让我们听听青春期“问题学生”的心声——

我是一个问题学生
教室是
文明的囚笼
我是那
飞不出的小鹰
先生的教导啊
和风细雨
温若柔风
吹不进心池
难润干裂心灵
下课的期待
把一节课拉得漫长
我只好
做个鬼脸调个小皮
如剑的目光
再不能把硬如钢的心刺痛
似鞭的批评
再不能把坚厚脸皮抽红
可是，真的

我的世界难觅色彩
我拥有的是雨季的天空
水中的一片枯叶啊
飘啊飘，有谁会懂

其实，有时候“问题学生”与老师对抗，是因老师的教育有违学生成长的规律，是学生的正常需求没有得到满足，想通过这样的反叛，来争得更多的自主，期待得到老师更多的关注和理解。

很多“问题学生”之所以会走到这一步，是由于学校和家庭的教育不到位。很多人在初中或者高中就退学，其实也是由于他们在学校受到了教师不正确的对待。很多学生平时在学校得不到老师的肯定，时常受到老师的讥讽，被别的同学排斥，最终才走到逃课、吸烟、打架这一步。

作为教师，我们在说话的时候，在教育学生的时候，特别是生气的时候，一定不能口不择言想说什么就说什么。有些雷区，我们永远都不能碰触，比如骂学生或者揭露他的隐私。

最令人忧虑的状况，就是在课堂上遇到跟我们发生正面冲突的学生，他们桀骜不驯、无视一切，老师下不来台，就采取激烈的对抗方式。其实，绝大多数情况下，这些都是可以预知和避免的。比如，我们在课堂上发现有学生在玩手机，而那个学生是个“刺儿头”，那么我们就不要选择直接冲上去非要逼他拿出来。你走过去，用眼神暗示他，下课以后，单独叫他到办公室，采取一对一的教育方式。这样比在教室里跟他发生正面冲突，效果要好得多。

青春期的学生是特别爱面子的，因此在学生犯错后，我们通常要在众人面前给他们留足面子。中学生是介于成人和孩子之间的半大孩子，他们的自尊心相当强，神经也非常敏感、脆弱，尤其需要保护。但当我们关起门来训斥他们的时候，他们也大都会认同和屈服。

这样做是要让学生知道，我明明可以采取让你更难受、更痛苦的方式处罚你，但我还是选择了保护的方法。面对外人，我也护学生的短，我护短甚至护得理直气壮，我就是要把自己对学生的爱放在阳光下，我就是要让他们明白，他们即使有错，我也会跟他们共同承担。

探求解决问题的策略

只要我们用心分析就不难发现，其实很多“问题学生”身上并没有多少问题，多数情况下，我们眼中的“问题学生”或者“学生问题”，是以我们的主观视角来判断的，而我们判断的标准，有时本身也存在很多的问题，有时我们把小问题无限地放大，有时把人之常情扭曲。

多年的教育经验告诉我们，老师眼中的“问题学生”未必是真正的“问题学生”，我们成人焦虑的问题，也未必是影响孩子成长的问题。面对“问题学生”，我们首先要做的是，看清他们身上的问题到底是什么，找到他们的问题行为背后的真正原因，他们想用这些问题来证明什么。比如，面对打架的学生，我们首先应该想到他们在成长环境中有没有获得足够的安全感、归宿感，他们在班上有没有得到足够的重视。若他们对老师、同学产生了敌意，打架则是他们在用扭曲的行为证明自己的强大，试图以这种方式引起大家的关注。其次，我们要思考是什么样的成长环境让他们变成了这样，问题集聚的程度有多深，要改变学生不良行为的突破口在哪里。再次，我们要考虑采取什么样的方法和措施，来改善学生的成长环境。“问题学生”的不良行为问题的根源，通常都在家庭，“问题学生”的背后通常也都站着“问题家长”，所以解决学生的问题，需要我们携手家长，家校共同参与教育，才能真正解决青春期学生的棘手问题。最后，我们要接纳、理解和信任学生，接纳他们成长过程中的各种不完美，理解他们学习成长的艰辛和不易，信任他们能够正确对待成长中的各种状况。

人的一生其实就是一场持久的学习，我们在其中的某个阶段都是父母、老师眼中的“问题学生”。可是，往往就是这些“问题学生”才促成了我们的成长、成熟。在某种意义上，学生身上的问题也是学生生命中不可缺少的一笔财富，而那些所谓的“问题学生”，也恰恰是我们教育者审视自我行为的一面镜子。

每个孩子都是带着各种潜在可能性的生命个体，教育的作用就是提供适合每个孩子发展的土壤，让各式各样的生命都能在其中吸收营养，茁壮成长。

第三辑　寻找点亮青春的力量

教育凝聚着人们的智慧、梦想和远方，教育的使命是发现和唤醒每一个学生。面对青春期问题多多的学生，如何引领他们走出青春期的迷茫？

班主任的本位坐标是摆正自己的位置，成全生命的成长，给学生搭建一个自主成长的舞台，让每个生命都能够在这个舞台上蓬勃生长！

教室有场，座位有情

9 月 1 日，又一个新的学期开始了。这天上午总有许多事情要做，李老师想先解决座位问题，然后再完成其他任务！

“同学们，我们怎样来安排座位呢?”他问道。

“按个子高低排。”一个男生嚷道。

“不行，我虽然个子高，但我眼睛近视，我需要坐前边。”

“抽签决定！”

“自己挑座位。”

“怎么挑？谁先挑？你愿意最后挑吗?”

…………

10 多分钟过去了，还没有达成座位安排的共识。

正当他和学生乱糟糟地安排座位时，广播里响起在第四节课抽查各班卫生的通知，他只好又和学生匆忙地打扫卫生。学生们带着怨气去干活，因为还不知道自己坐在哪里呢！很显然，卫生检查后，他们班的卫生成绩不高。

正当他试图又一次调整座位的时候，放学的铃声响了！就这样，忙乱的一个上午过去了，他们班没有很好地完成任务。

看着忙乱的李老师，我仿佛看到了当年的自己。

接手新班，编排座位是班主任首先要解决的一件大事，否则教室内乱成一团，没法开展其他工作。为了避免开学第一天就遭遇忙乱，我习惯提前把班级每一项工作都列出来，制订一个短期计划，以分清轻重缓急。有了规划，行动就有了方向和目标。

座位的安排暂时由我总体统筹、自主决定，否则难以有序完成开学初期的众多工作。先按个子高低排队，把所有的同学安排进教室，然后再根据学生情况做个别调整，这应该是目前比较公平的办法。安排好所有学生的座位，我虽忙但不乱，班级工作得以有序开展。

营造教室里的场

初来时，班主任按个子高矮给大家安排座位，我个子有点高，被安排在教室的后排，可我眼睛近视，又不好意思对老师说，想私自和小米换一下，他又不肯。在初中时，我们班的座位采用一周换一次的“滚动式”，觉得挺好！期待老师也使用这种方法让我“滚动”一下……

两周后，一位同学在他的 QQ 空间里写下了这段话。我知道，班级座位需要重新调整了。

为了营造一种积极谦让的班级风气，我首先倡导“男生要绅士，女生要优雅”，多次在班上暗示，身高占据明显优势的男生一定要有绅士风度，不要和女生争抢前几排的座位，并鼓励视力较好的女生也要发扬风格，考虑视力不好的男生。

很多时候，学生自我道德的约束力往往比老师强制的规定要管用得多。试想，处于青春期的少男少女，哪个不在意自己在异性面前的形象呢？接着我又大力表扬对班级做出较大贡献、积极参与班级事务、表现良好的几位同学，并倡议赋予他们选择座位的优先权。经过一段时间的宣传造势后，我开始让位放权，让全体同学参与排座位规则的制定。

规则之外是人情

“身高要作为排座位的重要因素，个子高的同学坐在前面会挡住后面同学的视线，所以长得高的同学最好坐后排或者边上，这，有点无可奈何。”

“长得高不是他们的错，不能因此就把高个同学定位在后排或者边上，这样对他们很不公平，我们可以考虑让他们把凳子放低些。”

“视力问题不应作为坐好座位的主要理由，因为我们班大部分同学都近视，视力不好可以配戴眼镜，但我们还是要照顾视力特差的同学。”

“单科成绩不好的同学可以选择与成绩好的同学同坐，这样既便于提高自己的学科成绩，也利于班级的发展。”

“异性同坐，既减少了异性的神秘感，又便于约束我们的行为，也有利于学习成绩的提升，毕竟，异性之间相助，会耐心得多、认真得多。”

“同桌最好是隔一段时间换一下，这样既让我们学习更多的好的学习方法，也学会和不同性格的同学相处。”

“成绩好坏不应作为排座位的依据，为班级付出多的同学应享有选择好座位的优先权。”

“好的位置和相对差的位置需要大家轮流坐，好座位不是终生的。”

这是我们高一（3）班同学在“自由说说排座位”班会中发表的言论。

依据学生自己讨论制定出来的排座位规则，此时我把座位的安排权交给学生。在我的适时引领及班委成员的协调下，同学们遵照“自主选择、优差互补、男女同坐、照顾特殊”的原则，很好地解决了班级座位问题。

规则之外是人情，一个班级是有自己的气场的，大部分同学在制定规则的过程中既能表达自己的意愿，也会考虑他人，大多数同学的积极态度对少数同学也会产生影响。这样班级有了强大气场的存在，再加上规则的制约，座位问题基本上得以很好解决。

悦纳中的规范

班级的和谐发展，既依赖于班主任的高位统筹，又依赖于学生的自主、自律。学生自律的养成，既需要班主任的原点思考，又需要班主任悦纳中的规范、活动中的放飞。

重新接手艺术班，面对来自不同学校、带着不同印记及美好愿景的新同学，怎样让不同的意见充分发表，并从中发掘出班级建设与发展需要的规范呢？

破冰　酝酿

“平凡的我，来自一所普通的中学，初中时成绩不是很好，期待新的班级，能有新的起点，新的进步！”

“意志不够坚强的我，希望气馁时有人为我打气，懈怠时有人为我鼓劲，进步时有人为我喝彩，徘徊时有人为我引路。”

“读书是我的最爱，喜欢安静的我，期待新的班级能给我更多思考的时间和空间。”

“喜欢运动，但脾气不好的我，希望大家以后多多包容。新的征程，我会努力奔跑，请同学们别忘了为我助威加油！”

…………

新高一（3）班的“破冰之旅”主题班会，在宽松愉悦的氛围中进行，目的是为同学们搭建一个展示自我、设计未来的平台，为班级营造一种自由表达的氛围，让同学们充分联想，激情憧憬新班级的美好愿景，使来自不同学校的新同学彼此悦纳，在集体中尽快找到自己的位置，为新班级建设开创新局面。

面对新的班级，新的同学，班主任首先要利用一切可能，营造一种和谐、愉悦的班级氛围，为班级的发展引领方向。有了和谐、愉悦的氛围，才能充分激活学生的思维，凝聚大家的力量，让班级规则无障运营，促进班级后续的良性发展。

“今天轮到第二组值日，个别同学吃了早饭，没有按时打扫卫生，结果预备铃响了，卫生工作还没有做完。我这个临时卫生委员，说谁都不听，只好自己去打扫，郁闷！”

“今天一下早自习，同学们就‘冲’向餐厅，教室里空无一人，可灯依然亮着，被学校政教处的老师发现。政教处刘主任说，因为下课后教室里的灯未关，扣我们班量化分2分。”

“开学近两周了，我很喜欢新班级的和谐，但又总觉得班里缺少点什么，好多事情也许是因为没有责任到人，所以出现问题时大家总是相互推诿，同学们缺少为班级服务的自主意识。”

“临时负责的纪律委员，在晚自习时，因为同学讨论问题的声音有点大，就不停地拍桌子——他把初中时的管理方法搬来了，我不喜欢他的这种管理方式，希望他能有所改进，也希望自习课堂上同学们都能安静地学习。”

…………

这是我们新高一（3）班同学在“畅所欲言说新班”活动中写下的

话语。

带着对新班级的期待，48 位新同学从不同的学校、不同的班级来到了我们共同的新家园。起初，很多同学为了给新老师留下美好的第一印象，通常会表现得比较好，这也是师生之间的“蜜月期”。但褪去新奇之后，很多人便开始有了些许失落，并进入对老师的“试探期”。我发现，此时酝酿班级公约的时机到了。

班级公约的酝酿过程，既是消化不良情绪的过程，也是班主任和学生相互融合、实现班级美好发展愿景的过程。既然是公约，就需要大家共同约定、共同遵守。班级公约的制定，如果缺少学生的支持和参与，必然会缺少生命的张力，执行的阻力也会比较大。

为了凸显学生是班级发展的主体，实现“人人有事做，人人有快乐”的美好愿景，我首先借助班级会议酝酿气氛，并在大会上给予每个人平等的展示机会，让同学们畅所欲言。宽松的氛围，全心的悦纳，既解除了学生的后顾之忧，也为班集体营造了良好的讨论氛围。

与此并行，我还印发了“我的班规我制定”的讨论稿，并组织同学们在班级会议或者小组进行讨论。为了避免大家讨论时跑偏，我要求同学们从课堂纪律、课外活动、卫生保洁、交际行为、个人修养、公德意识等方面酝酿班级公约内容，酝酿时间为一周。

这个过程既紧张又热烈，我一次次地看到同学们在课间、自习课、晚自修后，在操场、饭堂、宿舍交流意见的场面。那种对成长的渴望，让我震撼。我感觉到，班里的每个学生都积极参与建设班级规划，这应该是一个优秀班级的前奏！

利用网络拓展教育时空，是当下很多班主任使用的一种技术手段。为了给更多的同学自由表达的机会，也为了发挥任课老师和家长们的智慧，我还把征求意见稿发到班级微信群、家长QQ群、家长微信群及班级博客中，借助网络的便捷功能，让大家以一种虚拟的方式来彰显自己的智慧。这样的线上交流会更自然、更流畅，好多同学就是依托这种网络平台，隐藏自己的真实身份，写出了对新班级最真实的期待。这种独特的网络平台，也让我收获了很多意想不到的惊喜！

一周时间里，同学间、家庭中几乎都在讨论这个话题。这种参与和讨论，既让不良情绪得到消解，也使全体师生找到了共同的方向，更彰显了一种无形的自主教育。

我们班几乎所有的班规，就是这样依托班级会议和网络平台，以“班主任和学生共同商议”的方式出台的。这种方式既上下结合，又内外沟通，相得益彰，更加精彩。

悦纳　试行

学生的智慧真是无穷无尽，收上来的建议和构想有许多独到之处，列举的奖惩措施也新颖别致。但是，由于学生的意见是分散的，而且限于学生的认知水平，对一些重要问题认识不到位，所以我在悦纳同学建议的同时，又对大家的意见做了归纳和整理，并进行了适当的加工与提炼。这样认真遴选，集各家之长，逐步丰满了自己的思考，形成了班级暂行公约。

班级公约的主要作用是对同学的观念、行为进行引导，也就是引领班风。所以，草拟班级公约时，我不追求大篇幅，行文力求亲和、阳光、活泼，尽量不使用否定的措辞等，便于学生悦纳。如我们高一（3）班在最初阶段为了规范学生的行为，曾经借助南京陈宇老师的自省式公约在班里试运行。

起床：算算时间，我会迟到吗?

梳洗：我的发型符合要求吗?

出门：我的着装符合中学生身份吗?

到校：我的作业会按时交吗?

做操：我有不去做的理由吗?

集会：我是否因不遵守纪律而影响了班级?

上课：我认真听了吗?

值日：我做得好吗?

自习：我按要求做了吗?

睡前：我用心思考一天的收获了吗?

这种自省式的班级公约，非常贴近学生的实际，体味学生的心理需求，满足他们内心的成长渴望，让他们在自问中收获规范，在思考中享受成长的快乐，在集体的规范中约束自我行为，找到了自己在班级的位置。

根据学生提议和班级实情，我们借助陈宇老师的方法在班级试行分层管理，如把班级分为学习委员会、生活委员会、卫生委员会、纪律委员会、文娱委员会、体育委员会、宣传委员会、经济运营委员会等；通过自荐、竞聘或推荐等方式，确定每个委员会的负责人（会长、副会长，相当于原来的班委成员）；每个学生根据自己的能力、特长和兴趣爱好，必须选择加入其中一个委员会，也可以加入一个以上的委员会，但一般不超过两个。

然后，我发动同学们把班级事务进行分类，并归入各个委员会来完成。比如，班级各项检查工作全部归到纪律委员会；作业、考试复习、学科竞赛活动的组织等，凡与学习相关的，都归到学习委员会管理；所有涉及生活、财物等方面的，全部由生活委员会处置……这样分类划归之后，全班事务全班管，全班人管全班事。每一个委员会都是一个团队，会长的手下有了兵，就不会再孤军奋战；每个兵也都有了领导，不再游散。布置班级事务时，各个委员会会长只需通过各个“指令”，任务就可以很好地落实到人。“命令链”是一种执行流程，它的起点和终端不一定是班主任。如班级有一盏电灯不亮了，受到影响的同学可以告知生活委员会中的同学，由他去联系学校总务处，这样不经过班主任就能把问题很好地解决。

班级公约试行的过程，也是逐步完善的过程。班级在正常运转中总会遇到新的问题，这些问题如果长期得不到改善和解决，将会影响学生的情绪和班级的健康发展。

我们利用小组座谈会及班级微信群，及时解决试行中发现的问题，进一步完善规则。如草拟公约中生活委员会会长的职责较多，但在试行过程中发现，要让生活委员一个人圆满完成这么多的工作，既不合情，也不合理。为此，我们及时召开了小组讨论会，把原来让生活委员一个人做的工作，改为由生活委员会的所有成员共同完成。这样既公平合理，又提高了效率，很好地实现了“人人有事做”的班级管理理念。

在处理学生迟到问题时，觉得原来的处罚规定太缺少人文关怀。为此，我们决定：在原来迟到一次扣常规评分的基础上，增加了或“带早操一次”，或“为全班同学表演一个节目”等趣味性的“快乐罚”。这样的处罚，既达到了处罚的目的，又具有人情味，学生也乐于接受，同时避免了学生因迟到而撒谎的现象，消除了因规则严酷而引发学生狂奔进校的安全隐患。

班级公约试行的过程要彰显民主，体现制度（规则）面前人人平等，不允许任何人凌驾于制度之上或游离于制度之外；制度的执行过程和结果也要公开透明，要体现一个共同的理念：以制度的规范代替人情的随意，既照顾到学生的具体情况和困难，也留给学生自我改正的空间。

川无停流，流向大海。大海对前来的每一滴水都热情接纳，于是它成了水的乐园；大海中的每一滴水，若能在无边无际中找到自己的价值，它将成为海的印迹。班级如同大海，学生似一条条奔腾的小溪，欢快而来，一个个鲜活的生命若能被悦纳，并找寻到自身的存在价值，生命将会鲜活而灵动。

让位给学生

班级要想高效运转，达到无为而治的佳境，要求班主任既要懂得占领引导位置，引领班级发展，还要适时搭建平台，让位放权——让出领导岗位，实现学生自主管理。唯此，才能实现学生自主建构和班主任价值引导的有机统一，方能把教育做到极致！

上位统筹　忙而不乱

为了避免开学第一天就遭遇忙乱，我总是提前做好开学的准备工作。如，提前拿到学生的信息档案，了解他们的特长。像温辉同学有当卫生委员的经验，可以考虑暂时由他负责班级卫生；彭杰同学计算机学得挺好，座次表及制作席卡的任务可以交给他完成；俊影同学做过班长，且热心班务工作，应该是不错的班长人选；金玲同学爱好体育，早操可以由她先带着；阿菊同学成绩优异且喜欢助人，可以协调各科学习；张宇同学自律性较强，督查纪律应该是合适人选……提前把班级每一项工作都罗列出来，编制一个短期计划，以分清轻重缓急，是我开学前的须做的工作。

刚开学，就拥有条理清楚而有序的第一天，会让同学们的精神为之一振！提前为班级发展做好三个阶段的规划，凸显“以生为本”，遵循以思想引领班级、以质量促进发展、以文化提升品位的理念，实现班级发展的美好愿景，是我的另一项重要举措。

第一阶段是“过渡”。初步规划的主题活动有：高中生活的特点，高中与初中的不同，高中生的学习常规，高中学习方法探讨，高中生活的自主管理，高中生人生观、价值观、世界观的养成。

第二阶段为“明辨”。初步规划的主题活动有：正确认识家庭现状，理解家长；青春期教育；如何调控自己的情绪；如何提高学习效率；如何与别人和谐相处；正确认识自己与他人的不足；开阔视野，走出自我小圈子；正确使用网络；学会选择。

第三阶段为“飞跃”。初步规划的主题活动有：高效学习，应试技巧，发表见解，张扬个性，自我分析，提出有价值的问题。

有了这些规划，行动就有了方向和目标！

适时引领　运筹帷幄

开学已经快两周了，自荐及临时指定的几名班干部已经开始工作。卫生委员温辉的管理效果颇见成效：一是体现在他的时间安排上，二是体现在检查的仔细程度上。实际上，我对他的“培训”只有两次。一次是在教室外，只有几分钟，只是简单地告诉他打扫卫生的时间及人员分配时要考虑体力、高矮及男女生性别、寝室与教室等问题。另一次是在卫生区的现场，我告诉他先考虑卫生区打扫到什么程度算干净，什么地方容易出现卫生死角，然后再把各个卫生值日组的组长召集到卫生区，把这两项任务分配下去。

纪律委员张宇把初中的管理方法迁移过来，有时在教室里拍桌子，个别同学颇有微词。散步时，和他沟通了高中生的管理方法和初中生有哪些不同。学习委员和各科老师的交流挺顺畅，但她忽视了课代表的存在。健身时，和学习委员交流了如何发挥课代表的作用。

在合适的时间和地点做了一些简单的培训后，各个班委委员似乎摸到了一些管理的门道，一段时间后，管理效果显现。刘晓有些散漫，听课效果也不是很好，但打扫卫生时，她一遍又一遍地清扫，尤其是在最后一遍检查时，还拉开了教室的前门看了看。从这一细节可以看出，刘晓在改变自己。杨峰，不论是学习任务的完成，还是其他日常行为都不积极，但是放学后，他能积极地向数学课代表请教，最后走时还不忘把窗户关上。在听到班级要搞文化建设的时候，张鹏自己掏钱买了两卷双面胶，并一再强调不用班费。

我知道学生的自主管理意识已经觉醒，但我深知此时若稍有懈怠，苦心经营的良好状态就会前功尽弃，重新置班级于混乱之中。虽然学生已意识到自觉参与班级建设，但很多同学的这种自觉还处于懵懂状态。作为班主任，我仍要活跃在班级自主管理的前台。

搭建平台　亦扶亦放

三周的试用和观察，对临时认定的班干部以及班级各个方面的运作情况，我已了解清楚，健全稳定班委的时间到了。充分发扬民主选举产生班委，相信大家的眼睛是雪亮的。果不其然，同学们选出了我所期待的人选。

新的班委成员正式上岗了。在我的帮扶下，行政委员会率先开展工作，把班级成员以宿舍为单位划分为几个小组，并与各组组长共同出台了班级第一个“分管制度”。把班级的每一项工作细化到人，使人人有事做，事事有人做。随后建立的学习委员会、卫生委员会、博客委员会、活动委员会等纷纷出台了各自的管理细则。没有规矩不成方圆，同学们自己讨论制定出的各项规章制度，先张榜公布再加以固化，以便日后对照执行。

班级各项工作开始有序推进。星期天晚上的班务总结会，在紧锣密鼓中拉开帷幕：行政委员会先总结了上周的班级量化评比及下周的工作安排；卫生委员会分析了存在的问题及需要改进的地方；学习委员会回望了班级学习近况；博客管理委员会商讨了班级博客的管理事宜；纪律委员会关注了班级发展中的共性及个性问题。各个委员会恪尽职守，同学们学习积极性高涨，班级各项工作步入发展的有序轨道。

我稍稍松了口气，各个委员会已在我的扶放中具备了自主管理的能力。学生已经意识到自主管理的重要性，并且开始积极行动，但部分学生还缺乏自律性、协同性。

协同各委员会先为班级确立一个基本的“班级精神”——每天向上一点点，期待以这种向上的精神带动班级工作。让“班级精神”持续下去的基本要求是为“班级精神”设置一个恰切的节奏，这是班级可持续运行的基础。为此，我要求这个“差班”（注：我班是艺术生班级，文化课基础相对较差）每天向上一点点，然后发动所有同学参与编写班级励志名言，并协助各委员会确定我们的“班级精神”为“爱恒熔铸，顽强拼搏”，班训为“高一(3)班，海纳百川，扬起风帆，奋勇向前”。然后每隔一段时间就推出一项措施，让“班级精神”的推进有序进行，让孩子们的前进有明确的方向。我们先后推出了“约束自己”“新的开始”“我又进步一点点”“明天精彩我预约”等阶段性举措。这样一系列举措的出台，既让我们赢得了尊严，创造了优秀，也引起了别班的关注。

但行进中总有个别同学稍显滞后。期中考试过后，有人欢喜有人忧，借助“分管”数据与每次月考产生的名次信息，发现刘晓学习相当吃力——她的学习方法存在问题。我和任课教师、学习委员一起帮她分析，并为她制定了“每天进步一点点”学习策略。“进步一点点”的标准其实很简单：做同一个类型的数学题，尝试用不同的方法就是进步；一节复习课，老师讲的也许是旧知，但如果对知识的系统性有了总结，对原有知识结构有了理解，也是进步；一个单词，在原来记忆的基础上，理解了单词的词源和新用法，也是进步。这样，一点点积累，量变必然产生质变。这是她和很多同学每天要做的，其实也是一生中需要坚持的！

会杰上课还是偶有迟到，明娟衣服过于潮流，家辉上课玩手机，张鹏大手大脚乱花钱现象比较严重……借用“老班微博”，以微博互动的形式与学生交流发现的问题，尽管时而严肃、时而幽默，但效果真的挺好！

帮助经济运营小组召开一次“正确认识家庭现状，理解家长”的主题班会，并邀请家长参与，请家长谈自己工作（赚钱）养家的艰辛体会，使学生深受教育。这样依靠班内，借力班外，既让学生理解了家长，也使乱花钱的现象大为减少。

我出谋，同学们划策，任课老师与家长共同参与的“圆桌会议”成功召开，班级微信群、家长交流群、班级博客、家长会等凡是能整合到的教育资源都有效利用，聚合多方力量，共谋班级发展大计，以实现班级发展的美好愿景！

让位放权　无为而治

班主任要摆正自己的位置，给每个学生一个成长的平台，让每个生命都能够在这个平台上蓬勃成长！

当班级发展进入高效运行的快车道时，学生的自主管理已经达到一定水平，他们已经能够自主地支配调节自己的管理行为，以适度的方式实现自己选择的目标。每个人都能自觉主动地做好每一件事，真正实现同心同德，就能使班级成为有思想有灵魂的生命体。

于是，我退隐前台，大胆放权，不再做班干部的领导指挥者，而是做他们的后盾、顾问，并开始享受学生自主管理的乐趣。有一段时间我要外出开会，于是纪律委员会组织开展了“当班主任不在的时候”的主题班会。同学们设置了各种学习和生活场景，模拟和表演班主任不在时自己的表现，最后集体评议，扬优去劣，较好地实现了自律教育。

又一场学期总结会在各个委员会的紧锣密鼓运作下顺利召开，这次班会我几乎没有任何作为，而同学们却都争相上台发言。轮到问题较多的张鹏上台发言，他说：“我以前老是犯错误，有时甚至被政教处通报，但自己总觉得是无所谓，有时还戏称是自己的辉煌史。站在这里，我才猛然发现，大家都在努力奔跑，都有一个硕果累累的一学期，而我呢？站在讲台上好久，竟不知道自己收获了什么，自诩是男子汉的我真的很是汗颜！唉，生活在这样温暖的集体里，有这样好的学习环境，我难道就这样度过高中三年？难道我就不能有很好的进步吗？我会的！我握紧拳头对自己说。”张鹏能这样认识自己，我欢喜不已！

班级的发展离不开班主任的适时引领。班主任只有以学生发展为本，既懂得上位统筹，又知道让位放权，才能实现学生自主建构和班主任价值引导的有机统一。但不管学生处于哪个管理水平，班主任都须发挥自己的主导、核心管理作用，否则将难以把教育做到极致！

活动中成长

电视里正在播放我班同学主持制作的第29期扶沟县广角文化节目，一个谈吐优雅的女生和一个举止得体的男生在主持着节目。美术画展，朱云凤和几位参展的同学在展示自己的作品，同时还不忘为参观者提供优质的讲解服务……

回想我的2003级学生，他们初次进入我的班级时是一群什么样的学生啊！多数同学文化课基础差到让人难以置信，还有一些同学行为怪异，爱穿奇装异服，并美其名曰有艺术家的气质。

作为班主任，我曾为这些文化课基础相对薄弱的艺术生而苦恼：如何让这些在学业上暂时落后的学生获得更好的发展，闯出一片属于艺术生的天地，是曾经困惑了我很久的问题。

活动课以现代教育的大课程观为依托，以学生个体养成为目标，以联系生活、丰富人生阅历为价值取向，其设置将打破教室的束缚，拓展学生的学习空间。

偶然读到的这几句话，让我眼前一亮。

借助活动来成就学生、发展班级，把实践活动作为班级探索社会的一个重要视角，也作为成就学生的一种途径。

重塑自我

时值2003年度感动中国人物揭晓，我决定以此为契机召开一次“用感动为春天开幕”的主题班会，来唤醒学生心中最柔软的情怀！

首先，我给他们播放了2003年《感动中国》颁奖仪式的视频，同学们被获奖者的“恒、爱、强”精神所感动。借此，我们酝酿出了班级精神：爱恒熔铸，顽强拼搏。诠释为：拥有爱的情怀，人与人就会心灵相通；拥有恒心持久的品质，才能成就辉煌的自我；拥有自强不息的精神，我们就会无往不胜！第一次班会，从感动入手，先唤醒学生重塑自我、开创班级新局面的意识，让感动成为新学期班级工作的开端，让感动把散乱的心凝聚起来！

接着，我又推出了“文明从我做起”“行动从今天开始”“争当班级文明形象大使”等系列主题班会，并在班级开展“班级是我家，形象靠大家”的演讲比赛。在学生中普及文明礼仪知识，形成“讲文明、有修养”的良好班级风气，让同学们深切体会到文明既是一个人的外在表现，又是一个学生的内在必需。

针对个别学生着装怪异的现象，我还开展了“中学生怎样美丽着装”的大讨论，使每个同学都认识到仪容仪表的重要性，从而促使他们矫正不符合中学生身份和特点的装扮。最后同学们达成共识：整洁的仪表、文明的举止、纯洁的心灵、青春的朝气、健康的人格，才是校园里最美丽的风景线。

一系列的活动不仅唤醒了同学们的文明意识，增强了班级凝聚力，也使同学们认识到作为新时代的中学生，不仅要有良好的外在形象、高尚的审美情趣，更要具备美好的品德和不怕挫折的坚强意志！

为了呵护这些刚刚被唤醒自主意识的学生，我还开展了“文明天天伴我行”活动，让老师和同学们相互督促，共同进步，并和学生约定：凡是要求学生做到的，我自己一定做得好！我觉得，一个班主任，如果不能认识到自己的形象对学生的影响，不能认识到对班级发展与学生个体的影响，那么，他的工作必然会带有一定盲目性，自然就无法在纷繁复杂的班级管理中寻得规律，也不能更好地继承与创新。

实践活动

班级有了良好的精神风貌，也预示着有了好的发展方向。如何更好地促进学生的全面发展？如何使这些文化课基础较差的艺术生，既张扬个性又发展能力？这些是我一直关注和思考的问题。

社会实践活动课以现代教育的大课程观为依托，以学生个体品德养成为目标，以联系生活、丰富人生阅历为价值取向。其设置将为学生的学习开拓出一片更为广阔的天地。

“对班级发展的前瞻性、计划性和系统性思考，是一个高品位班级成长与发展的思想基调。”据此，我根据自己所带班级特点——主修音乐和美术的艺术班，开展职能型班级实践活动，并通过理性预设和实践软着陆来展示班级形象，张扬学生个性。

我们班开展的社会实践活动主要有两类：一类是学校组织的公益性活动，如走进社区、关爱老人、亲近自然及募集善款等。参加这类社会实践活动，我们一般以班级或小组为单位，在学校或家庭所在社区开展活动。组织时一般采取小组长负责制，活动时大多围绕一个中心、三条线索、五个方面展开，即以实践活动为中心，围绕人与自然、人与社会、人与自我三条线索和服务社区、了解社区、走进社会、关爱他人、善待自我五个方面展开。

另一类是班级学生自发组织的实践活动，这是我们的创新所在。组织这类活动，我们通常既把校园、班级作为学生成长历练的舞台，同时也将活动的舞台延伸到校园之外。因为是学生自己组织承办，要求学生自己参与设计、自己选择主题、自己组织实施并展开自我评价，这样，既充分发挥了学生的创造性和自主性，又张扬了学生个性、凸显了班级形象，同时也使不同层次的学生都得到了锻炼！

构建班级实践活动团队时，我们首先设置一个领导职能组。这个领导职能组就是发动学生开展多种形式的社会实践活动，锻炼学生的领导力。然后下设再生资源收集小组、班级外联小组、行为规范小组、经济运营小组等四个不同的职能小组。

四个职能小组分别负责各个层面的实践活动。从职能角度讲，四个小组独立运营，互不干涉。但从班级整体发展的层面来看，他们又协同合作。班主任与各职能小组之间是合作关系。

这个“自治”权充分调动了同学们的主人翁意识。在组建领导职能组初期，职能小组的各个成员都会根据自己的职责范围，完成面向全班的实践活动调研，然后根据调研结果，制订整个小组活动的实践计划。

再生资源收集小组：经常把班级废品进行回收再利用。如：让学习美术的同学把废旧的饮料瓶加工成精美的工艺品；把班级成员遗弃的可回收利用的废品收集起来卖掉，为班级创收。

班级外联小组：这个比较新颖，是我们班实践活动的创意，就是组织同学们去联系企业商铺，为企业在校园做宣传代言，并收取一定的酬劳。如：我们班曾组织同学们参与的县文化广角活动，成功为所在县城的伊人新娘婚纱摄影店做广告宣传，伊人新娘婚纱摄影店为我们提供演出服装，我们为他们做广告代言，既解决了学生的演出服装问题，也让班级获得了一些宣传费用。我们还发挥美术生的优势，利用校庆活动为一家新开业的汉堡店做广告宣传，还在校园网络平台为一些生产学习用品的商家做代言。这样利用班级优势资源，参与社会活动，既锻炼了同学们的社会交往能力，也为班级创收，同时也习得了一些经商之道。所有活动都是同学们自己做计划，自己联络，也很好地培养了同学们的领导能力。

经济运营小组：由于艺术生的专业需要，开销相对较大，很多学生不会合理消费，同时也为了填补“没有经济运营活动”这一班级教育的空白，更好地促使艺术班的发展，我学习美国雷夫 · 艾斯奎斯《第 56 号教室的奇迹》中的经济运营之道，在班级建立了一个经济运营体，如设置“银行职员”——负责本班学生的财务记录，并根据学生实际情况虚拟一份“工资”，制定出完成班级每项工作的月薪金，然后把雷夫老师的“花钱买座位”的策略运用到我们班级之中，每个想得到理想座位的同学，必须用自己挣到的“钱”（注：这个“钱”是为班级服务所得到的虚拟的“钱”）去“租”教室里的座位。在开学之初，已经按中间和两边、前几排和后几排的不同赋予每个座位不同的“租金”，学生为班级服务的行为也提前“赋值”。如果有好的表现，学习努力，成绩突飞猛进，或者为班级做出了突出的贡献，都会得到额外的奖励，但违反班规班纪也会被“罚款”。学生将“钱”积累到足够多的时候，就可以买下自己心仪的座位。这种做法，虽然是从《第 56 号教室的奇迹》里学来的，但在班级之中确实给学生创造了一种学习合理消费，保持收支平衡的“氛围”，同时也让学生明白：所有的得到，都来自自己的勤奋和努力！

行为规范小组：这也是我们班同学的创意。这个小组主要是从社交礼仪方面来运作的，因为学生的素养主要是通过诸多的行为规范来促成的。为了规范同学们的行为，这个小组的成员很是动了一番脑筋。他们请来郑桂敏老师，利用课余时间为同学们讲授文明礼仪方面的知识；还借来礼仪大师金正昆老师的讲座专辑在班级播放，以规范自己的日常行为，从而在班级营造一种文明交往的氛围。

精彩展现

1964 年第十八届东京奥运会开幕式结束，全场近 10 万日本观众离场后，偌大的看台上没有一点垃圾、纸屑，全世界为之震惊。

这个故事也带给了我很多启迪和思考：人的素质，特别是一个团体的素质高低，一定会通过个体的行为体现出来，有时虽然事情很小，但它却能深深地打动人们，甚至给人以震撼。

班级是社会的缩影。教室里的学生，由于扮演的角色与成长的环境不同，所展示的班级形象也会有所不同，但不管学生最初带着一种什么样的状态走进校园、步入班级，在班级生活一段时间后，他们就会把形形色色的班级发展印迹带入社会，带进家庭。他们不仅会为班级这张名片打上不同的底色，也会让所处的班级因他们的精彩而蓬荜生辉，因他们的亮丽而光彩照人！

借助社会实践活动来展示学生的精神风貌，展示班级形象，是我们践行班级发展美好愿景的行动支撑。又一个假期要来临了，教室里，各个职能小组在积极商讨筹备各自的实践活动计划：美术组准备筹划一次画展，音乐组要张罗一次会演，外联组正在联系一个广告宣传……

音乐组走进了敬老院，不但带去了精彩的节目，也留下了满满的爱心；美术组成员出现在县书画展前，他们不但带去了自己的精美作品，也留下了班级的文明形象；经济运营组穿梭在步行街的大小商铺，既习得了一些经营之道，也展现了班级的风采。

走进历史，了解时代变迁，同学们走进了保存完好的扶沟大程书院、吉鸿昌将军纪念馆。在这里，他们既留下了文明参观的足迹，也传递了我班同学热爱学习的精神。专业的特长、优秀的素养、成长的历练，使我们艺术班成了县城一道亮丽的风景线。

依托各个职能小组不断将活动预设变成有血有肉的教育实践，变成丰富多彩的班级实践活动，使每一个班级成员的风采都得以展现。渐渐地，我们县每一次重大活动，我们班同学都会成为首邀代表。

文化广角、书法展、美术展会场也都活跃着我们班同学的身影。同学们走过的地方，都会为我们班亮起一道风景线！班级不仅仅是一个由教师向学生传递知识的场所，更是一个现实的“生活世界”。

我们需要思考：一个优秀的班级，除了关注学生的学习，还需要承载哪些丰富的内涵？一个真正优秀的学生，除了成绩优异，还需要具备哪些优秀的素养？老师在帮助学生习得学科知识的同时，还应该教给孩子们一些什么才能使学生在未来的竞争中立于不败之地？

一个班级总是流动着一些无以言说的精神文化。这些流动着的精神文化，也许就是学生优秀素养的真正体现；有些素养，也许是学生无法在课堂中习得的，但在社会实践中却能为学生的成长提速！

让班级因差异而精彩

我在一些地方给老师们做培训讲座时，曾多次谈到男生、女生问题。很多老师感慨：现在学校里“阴盛阳衰”的现象越来越严重。

究其原因，可能有这样几点：一是一些女生性格外向，而部分男生性格内向，出现了“女生高调、男生低调”的现象；二是时代的发展，女性的主体意识得到强化，特别是独生子女中喜欢表现自我的女生越来越多；三是调查表明，不管是男教师还是女教师，普遍喜欢女生，因为女生整洁、文静、温柔和听话；四是在教师眼中，女性永远属于弱势群体，所以处处维护女生权益。于是在这种“重女轻男”的教育思潮中，催生了很多有棱角的性情女生。她们成为教师形象的代言人和班级事务的领导者，在班集体中显得很强势。

男生和女生，是客观存在于班级中的两个不同群体，其间存在着性格、思维和情感等方面的诸多差异。差异既是一种教育资源，也是一个班级飞扬的基点。如何用好男女生之间的差异，让班级因差异而精彩，是我思考了很久的问题。

男生与女生的差异

男生和女生的差异有很多，如：男生理科学得好的多，女生文科学得好的多；男生粗狂，女生细腻；男生一般喜欢简单，而女生相比男生不怕麻烦，也就是说整体比男生勤奋；男生一般比较懒散，女生则更注重学习态度；男生调皮，女生稳重；男生不听话表现得很明显，而女生会默默地不听话；女生更关注自己在老师眼中的形象，男生好像没那么在意；女生会因为喜欢一个老师的声音，或喜欢一个老师的打扮而喜欢一个老师，而男生不会；女生比男生更容易动情，而男生要相对麻木一些；很少有男生下课了还坐在座位上看书，但女生有很多；男生向老师问问题，大多属于学业挑战问题，而女生问问题，大多属于作业疑问；受了批评的男生还会和老师好，受了批评的女生则会躲着老师；男生到了中学会为自己喜欢的女生而玩命地学习，而女生一般不容易冲动……

差异是一种资源。遗憾的是，在如今教育内容、教育方式、教育要求和教育评价基本统一的背景下，我们有时看不到男生与女生之间的种种差异，常常把他们当作一种人而同样对待。如何用好男生和女生的差异，为班级预约精彩，是我作为班主任探究的问题。

用好男女生的个性差异

男生和女生个性存在很多差异，如：女生比男生更容易“建立关系，维护关系”，遇到困难喜欢倾诉，她们常常需要感情上的支持和慰藉；男生更重于“发现问题，解决问题”，他们关心的是找到解决问题的方法。

俗话说：“男女搭配干活不累。”在分配班级事务时，我喜欢将男生和女生进行搭配，合情分工。在班级组建的初期，就要求每一项工作的负责人必须由男生和女生共同担任，如卫生委员的工作，通常由一个女生和一个男生共同承担。这样安排有很多优点，卫生检查时，派女生去督察男生的卫生打扫，男生会做得更好，而安排男生协助女生处理一些女生难以完成的事情，女生也会更上心。

学生的座位，一直都是男生和女生同桌共坐，如鼓励数学成绩不好的女生寻找一个数学成绩好的男生同坐，支持英语成绩不好的男生和一个英语成绩好的女生同桌。这样利用异性相容、优势互补的原则，让他们在学习中合作共赢！

另外，依据女生比男生更容易建立关系，更富有同情心，也更容易设身处地为对方着想，易于解决小组成员之间的矛盾这些特点，对男生中出现的棘手问题，我喜欢让女生帮助男生解决（当然，也经常让男生协助女生）。这种男女生相互帮助的模式，使班级很多棘手问题得以解决。

用好男女生的心理差异

男生和女生关注问题的角度不同，女生比男生更注重细节，比如看新闻，男生会注意新闻本身，女生更注意新闻里面的人物。在教学中，我们也会感觉到，在面对一个情景时，女生往往会关注情景外面的事物，她们更容易被漂亮的画面所吸引，而男生往往关注里面的事物，他们更容易发现其中隐藏的深层问题。

在班级中，男女学生常常会偷偷关注异性生活的外在活动，也常常会暗暗琢磨异性同学的心理活动。男女之间这种丰富而微妙的行为和心理，利用好了，就能解决很多班级棘手问题。尤其是青春期的学生，同性之间相看，更多地表现为一种挑剔，看到的是对方的缺点；异性之间相看，更多地表现为一种欣赏，看到的是对方的优点，而对缺点也会持一种包容的态度。

所以，为了规范学生的行为，也为了使女生更优雅、男生更阳光，一方面我在班级开展“男生眼中的优雅女生”和“女生眼中的绅士男生”等主题班会，让他们在欣赏异性的过程中，规范自己的行为，也在彼此的悦纳中，增进了解，加深友谊。

另一方面，我还经常开展“女生对男生提意见”“男生给女生提建议”等主题班会。这样做，要比男生对男生、女生对女生，甚至教师对学生提意见，效果好得多。如对于醉酒的女生、吸烟的男生等，我都采用这样的方式让学生意识到自己的问题。

用好男女生的思维差异

在日常生活中，我们经常会听到这样一些说法：“女的语言表达能力比男的强”“男人理性，女人感性”等。的确，在思维方式上，女性和男性有明显的不同，女性的逻辑思维能力一般较差，而直觉明显强于男性，能从对方的言行中猜出真正的含义。此外，男性总希望把复杂的事情简单化，而女性则喜欢把简单的事情复杂化。

我在上数学课时，会有意识地利用男女学生思维的差异。如：对直觉性较强的问题，我喜欢让女生作为合情推理的主力军，而对逻辑性较强的问题，让男生作为合理推理的主力军；对于女生解不出的数学问题，我总是让她们认真倾听男生是怎样说和怎样做的，或者鼓励她们找男生帮忙解决，而对于男生不好理解的现象，我总是让女生来为男生解释，或者让他们去问女生是怎样看的。平时，我喜欢多给男生一些难题，他们不会觉得是负担，还常常有一种被老师委以重任的荣耀感。对于女生，我喜欢多给她们鼓励和问候，她们会感到温暖，有一种被教师关注的幸福感。

同样，在补课时，我喜欢让女生给男生补课，这样，被补课的男生要耐心得多，也认真得多，并感到舒心和温暖。同样，让男生给女生补课，补课的男生也乐意和负责得多。我还根据异性相吸和异性相容的原理，让男生给女生，或女生给男生出题互做或互改作业，也能获得合作共赢的效果。

通常情况下，学生的作业一般只有自己和老师看。能不能让学生的作业本流动起来呢？于是，我尝试改变学生作业本的传统使用方法，让作业本在男生、女生及全班学生之间传递起来。具体做法是：要求学生作业本封面上不写姓名，只写编号，发本子时随机分发。今天学生用这本作业，然后在计分格中签上自己的名字，明天就可能在另一作业本上做题和签名，这样学生就有可能看到不同同学的作业情况，也能在比较中激励自己并表现得更好。

正确对待男女生之间的感情

班中一个男生，原本是个安静的并不给他人添乱的孩子，可是有一段时间，他陷入了对自我表现的渴望之中。在安静的自习课上或者静静的午休期间，他总会时不时地爆出一段俏皮话，惹得全班同学哄堂大笑。这也让很多热爱学习的同学很反感，于是不少同学开始到我这里告状。一天晚上，我走进教室查看晚自修时，又有同学来我这里告状，说他在同学们午休时又说俏皮话，惹得同学们哄堂大笑，影响大家午休。

韩寒说：“如果你不了解，你就闭嘴，因为你永远不知道别人经历过什么。”为此，在没了解事实真相之前，我并不急着站队，也不喜欢随意表达自己的观点，更不想肆意评价一个学生的行为。因为，彼时的我，并不知道这个学生的内心正在经历着什么。

于是，我打算用一周的时间默默地观察他。三天后，我发现爱说俏皮话扰乱别人学习的他，每次说俏皮话，其实都与班上一个女生有关，只要这个女生在教室门口一出现，这个男生便说出俏皮的话语。因为这个女孩家住在城里，是走读生，女生走进教室的时间总比其他同学晚一些。每次这个女生出现在教室门口的那一刻，便是那个男生俏皮话在教室里飘响的时刻。于是，我读懂了这个青春期男生的心事——他喜欢上了这个女孩，他渴望以这样一种方式来引起女孩对自己的关注。

如何引领这个青春期的学生正确表达青春期的感情？很多老师的做法是，一旦发现学生出现了早恋苗头，就把两个人的座位调开，甚至隔得很远。走过青葱岁月的我，特别理解一个孩子在青春岁月里所开启的懵懂情感，也深深地懂得青春期感情的美好。对于一个十六七岁的中学生而言，这是一种人生的纯真和美好，无论他们能否携手走进婚姻殿堂，这份情窦初开的美好感情都值得认真对待，更值得好好尊重。

如何让情窦初开的青春期学生消除对异性的神秘感？如何引领学生协调好情感和学业的关系？对于青春期学生的懵懂情感，教师宜“疏”不宜“堵”，让两个彼此有好感的学生分开的最好方法，不是把他们生生拆开，而是让他们有更多的机会去了解对方，让他们既能看到对方的优点，也能看到对方的不足。让一件事情变得平常，最简单的方法是让它经常出现在可以讨论的范围中——见怪不怪。人就是这么奇怪，你越是不要他们在一起，他们就越想要在一起。

于是，我决定反其道而行之。

首先，我从调整学生的座位入手，决定把男生的座位调整到他心仪女生的旁边，让他和自己心仪的女生坐同桌。为了达到目的，我先与女生真诚交流，从关心她的学习和生活入手，了解她的所思所想。我不但表扬她学习用心，还赞扬她对同学热情，然后才和她讲：“你看咱们班的 ××× 同学，最近成绩很不理想，尤其是他的数学成绩更是一团糟，而你一直都是咱们班的佼佼者，更为可贵的是，你不但学习成绩好，还富有爱心，所以才有那么多的同学喜欢你、欣赏你。××× 同学最近学习成绩下滑得特别厉害，可否让他和你坐同桌，你帮助他提高一下学习成绩?”

女孩点头，表示同意。

于是，男生带着满心的欢喜，坐到了自己心仪女生的身旁，成了她的同桌。从此，男生开始每天近距离观察自己心仪的女生，其间，每每男生遇到不会做的数学题来问我时，我总是先问女生会不会做，若女生会做，我就让女生给男生讲解。毕竟，青春期学生的自尊心普遍比较强，他们最在乎的往往是自己在异性面前的形象。青春期的他们，都害怕异性同学会看扁自己。这个男生更是担心自己心仪的女生会嫌弃自己，于是每次女生给他讲数学题时，他就会听得特别认真；假若哪次女生的讲解他没有真正地听明白，爱面子的他则不会重复去问女生，而是偷偷地跑来再问我。此时，我给他讲解，他也会听得特别认真，临走还不忘嘱咐我一下，让我给他保守秘密。一段时间里，这成了我与他之间的一个小秘密。

一个学期后，这个男生的学习成绩开始稳步提升。又过了一段时间，当我笑着问他，天天和自己心仪的女生坐同桌的感受如何？两个人的感情是不是发展得更好了？他却给了我一个出乎意料的回答，他笑着告诉我说：“老师，我和她坐同桌几个月后，才猛然发现，她其实并不像我所想象的那么完美。她虽然有很多优点，却也有很多缺点，在和她坐同桌的几个月里，我虽然从她身上学到了很多，但我也发现，我与她并不是合适的伴侣，我想，我已经走过了这段情感的懵懂期。”

听到男生如是说，我想自己此时已经无须再说什么了。因为，我知道，一段青涩的美好情感，就这样在两个人坐同桌的短暂几个月里，很快得以解决了。只是这样的自然，是我所没有想到的。

其实，对于每一个步入花季的少男少女来说，青春期的懵懂感情都是一段刻骨铭心的经历，正确对待男女生的这段美好“恋情”，也会给学生的学习注入不竭的动力。

第四辑　走进青春的心灵

没有心灵的绽放，就没有教育。

唯有在充分的自由中，人的心灵才会真正打开，绽放。

青春的心域很广阔、很深邃，读懂、走进青春的心灵，是一件极其艰难的事情。

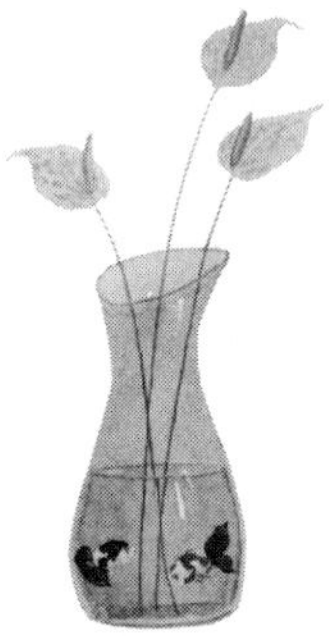

让思维拐个弯儿

一天，读到这样一个故事，对我触动很大，让我开始重新审视班主任工作，重新调整自己的带班思路。

1947年5月28日，37岁的纽约公交车司机威廉·西米洛连同他的1310号公交车一同人间蒸发，没有人知道他们去了哪里。他的老婆和孩子坐立不安，城中谣言四起，他们甚至认为西米洛十有八九出了意外。

然而所有人都猜错了。

28日的清晨，纽约阳光灿烂，西米洛像过去的17年一样，开着公交车，从车站驶出，看着眼前的场景，他觉得厌倦至极。他已经走了太多次同样的路，见过太多次同样的人、同样的站牌、同样的硬币。做点不一样的事情吧，有个念头在他脑海中闪过。

在冲动还没有冷却的瞬间，西米洛改变了车的路线，在熟悉的路口，他选择了左转，而不是如往常一样地右转弯。

开过华盛顿大桥，到新泽西，西米洛停下来吃了顿早餐。然后他回到车上，没有折返，而是把车上标有站名的牌子拿下来，换成“机动”两个字，沿着一号公路一直往南。纽约和那些一成不变的生活在他身后越来越远。

他路过了华盛顿特区，参观了白宫的门口；还顺路搭载了一位喝醉酒的水手，那个人酒醒后就开始给他讲海上的冒险故事。第三天，他把车开到了佛罗里达州的好莱坞沙滩，当时月色正美，他跳进海里洗了个澡，他觉得好惬意。

而后，他去离纽约1300公里的公园赛马场尽兴地赌了一次，出来的时候，身上只剩下2.6美元。他跑到西联汇款，给老板发了一封电报：“1310号公交车在我手里。请付50美元。把钱汇到佛罗里达州好莱坞市。”然后没多久，警察把他逮捕了。

警察要把车和西米洛都送回去，可没人会开公交车，于是，只好由西米洛开车，载着几位警察回到了纽约。返程的路上，他的故事已经传得沸沸扬扬，媒体说，“他做了每个人都想做的事”。

当那辆公交车最终停在曼哈顿警察局门口前时，不可思议的事情发生了。那里聚集着数百名民众，他们向西米洛欢呼呐喊，把他视为自己的偶像。

西米洛带着笑容穿过人群，像是凯旋的英雄。

尽管如此，他还是以严重盗窃罪被起诉，面临十年的有期徒刑。然而神奇的是，纽约其他公交车司机非但没有愤慨，反而都对西米洛表达支持，他们甚至自发组织起来，筹款帮西米洛支付律师费用。很快，他所在的公交公司选择撤诉。

当他回到岗位后，他的车前排起了长长的队伍，没有人去坐其他几辆车，因为所有人都想要西米洛的签名。人们喜欢他的选择，喜欢他的故事，人们从他身上看到一丝希望，去打败那令人疲惫叫人发疯的乏味生活。

在那之后，西米洛重新变成了那个守时勤奋的公交车司机，再也没有任何差池。后来有记者问他，想不想再来一次？西米洛这样回答：“想过，但是同一个玩笑，如果开两次就不好笑了。”

随意开走公交车的司机，这玩笑虽然是开大了，但守旧的工作方式、固化的思维、重复的生活，的确会让不少人磨去内在的激情。

做了十多年班主任工作后，我的工作方式，尤其是我的思维方式，已经有了一些固化，很多常规的班级管理套路，我也熟稔在心。在日复一日的重复工作中，我慢慢地褪去了初为班主任的激情。

偶然读到的这个故事，让我也开始重新思考：如何让自己已经固化的思维拐个弯儿？如何让自己一向循规蹈矩的班级管理模式“出一次轨”？

遭遇过很多青春期学生的问题之后，2012 年暑期过后，当我再次接手新班时，我决定重新定位自己，并再次修正自己的带班理念及与学生的相处之道。

为人师表有时胜于打成一片

回想自己初为班主任时，曾一味追求与学生打成一片，与学生成为知心朋友。于是，在与青春期学生朝夕相处的时日里，我曾刻意放低自我，期待自己能真正走进这些青春期学生的心灵。彼时的我还很年轻，并不能很好地把握师生相处的度，于是，在追求与学生打成一片的路上，我虽然收获了一些学生的信任和爱戴，但也产生了很多困惑与迷茫。

不久前，我与一个年轻班主任有过这样一段对话——

“我们班的一些学生真的让我很无语，我与他们打成一片，待他们亲如兄弟，引领他们成长，陪伴他们学习，甚至请他们吃饭，没想到的是，学期测评时，他们给我的评语却隐藏着诸多的不满意，这个班，我是真的不想再继续带下去了。”

发这段牢骚的，是一位年轻的新班主任。

“为什么会是这样一种状况呢？”我问他。

“我也不知道为什么会是这样，也许是因为这个班的学生太不懂得感恩了吧。”

“那你们班学生对哪个老师的评价比较高一些呢？”

“对外表严肃的数学老师的评价还是蛮高的，这是我没有想到的。”

“为什么你与学生打成一片，学生却并不领情？你想过这背后的原因吗？”

“可能是因为我平时对他们太好了，他们已经习惯了我的各种好，总觉得做班主任就应该是这样的，他们对我的好，已经熟视无睹，而对我的点滴失误，却耿耿于怀，甚至念念不忘。”

“那外表严肃、看起来和学生走得并不怎么近的数学老师，为什么却收获了学生的高评价和对他的敬畏呢？”

我继续追问。

“可能是因为数学老师课堂教学很精彩，还有数学老师的严谨、严肃，也让学生心生敬畏，所以他们不敢给他差评。”

…………

是啊！为什么与学生打成一片的班主任，辛苦努力了一个学期，收获的却是学生的诸多不满意？为什么自己满心的付出换来的却是学生如此多的不理解？为什么学生对班主任的各种好会熟视无睹、毫不领情？出现这种状况的原因是什么？如何改变这种现状？

追问问题背后的深层原因，也许是困难的。因为，这需要我们向内看，需要留一只眼睛给自己，需要我们“将自己拎起来”用心来审视。追问，才能帮我们打开心结，探索出解决问题的思路。

“关系大于教育。”林格的这句话道出了人与人的相处之道，也道出了和谐、融洽的师生关系的重要性。于是，“与学生打成一片，做学生的真正朋友，和学生称兄道弟，甚至参与学生的各种集会”等师生相处的美好状态，成了很多年轻班主任的追求。

教师对学生，的确需要友好、呵护、关爱，这是我们做教师、做班主任必须要拥有的一种教育情怀。但任何事情都有两面性，做班主任，如果过于追求师生“关系”，过于信奉“关系大于教育”，并将这句话奉为自己管理班级的法宝，从而无限度地应用于班级管理中，践行于课堂内外，也会换来学生、家长对我们工作的不满意，更会让原本看起来亲密的师生关系出现诸多的不如意。

其实，很多我们奉若神明的教育观点，有时践行在自己的班级管理中，可能会因为缺失一个恰切的度，而显现各种问题。毕竟，很多惯常的教育理念背后，需要有支撑它的具体环境因素，而我们所秉持并践行的教育理念，也从来都不是无土之木，它需要有适合自己生长的土壤。

新班主任进入班级，与学生打成一片，是可喜的，但我并不赞同一味追求师生关系，急于和学生成为朋友的新教师的做法。因为，教师拥有与学生打成一片的能力，还远远不够。毕竟，做教师，我们更需要为人师表，需要拥有让学生对我们由衷敬佩的、做好教育的其他能力，尤其是新班主任，厚重我们的学养也许是更为重要的。

现在的中学生，他们缺失的并不是老师这样的知心朋友，他们需要的是教师如何成为他们做人的榜样，教师的为人师表能让他们产生敬佩。如果我们一心只想成为学生的朋友，他们就会像对待朋友那样，对班主任有诸多的朋友式期待。

为人师表，有时真的胜于打成一片。

当期待遭遇冷落时

周一上午我有两节课，第一节在高一（2）班，第二节是在我做班主任的高一（3）班。这节课是《积、商、幂的对数》，并不难学，可由于施教对象是艺术班的学生，他们的数学基础相对薄弱，原以为本该很顺畅的课堂教学，却因为一个我自认为很不错的学生拒答，而变得尴尬无比。

教学开始时，我依照自己事先准备好的预案，一步一步清晰地走着。十六七岁的学生已经有了比较强的理解能力，所以教学一开始，我的课堂进行得很顺畅，我的心也在课堂上轻盈地行走着。

“请同学们从三个公式中选择其中一个加以证明，一会儿我找同学来做。”同学们按照我的要求，开始自己证明三个公式：第一个“积的对数”公式，一个学生很快给出了证明过程，我做总结并向深处引领——一切顺利；可到了第二个公式“商的对数”公式证明时，却没有学生主动加以证明，于是我找了一个各科成绩都不错的女同学来阐述自己的思路，可不知为什么，那天的她却冷冰冰地抛给我三个字：“我不会!”

我说：“不会没关系，我引领，你证明，我们共同把这个公式推导出来，相信你一定会完成得很好!”说完这些话，我微笑着等待女孩发言，可不管我怎样启发和引领，这个女孩就是“启而不发、问而不答”。她紧闭嘴巴，只是怔怔地站在那里，拒绝回应我的任何问题和启发、引领，只是把更多的尴尬留给了站在讲台上的我。一直以来，我都为这个挺优秀的学生而高兴，她的各门课一直挺好，她虽然对数学并不是很钟情，但数学课堂的多数时间，也都能积极地引领、带动全班级同学思索，从未有过那天的拒绝状态。

作为这个艺术班的班主任兼数学老师，我也曾很自信地以为，我有能力改变班级学生的学习状态，更相信自己有能力改变学生对数学课程的学习态度，我要让那些不爱学习的学生爱上学习，让那些害怕数学、不喜欢数学的学生喜欢数学，所以课堂上的我，对于说“不会”就想坐下的学生，从来没有过任何的放弃。我想，每个站起来回答问题的学生，一定要通过我的引领，领悟后才能坐下，这是我课堂上的一贯坚持，可那天，我百般努力都是徒然！

无奈之下，我只好自嘲地给自己找个台阶下。我深深记得，那天是冬天，天气很冷，我穿着厚厚的羽绒服，我笑着说了这样一句自认为还算智慧的话：“你冷落了我的期待，我只好抱着你仅有的一句话取暖，请你坐下吧。”然后，我让女孩坐下，女孩坐下后，便不再抬头。

而我的心情，也因为女孩的拒答和女孩的埋首而黯然。接下来的教学，不知为什么，我把自己所有的注意力都集中在了这个女孩身上。我在想，她为什么“会而不答”呢？是心情不好还是对我这个班主任、对我这个数学老师有意见？她为什么要排斥我的数学课？……课堂气氛就这样在我的诸多想法中被破坏了，我的心情、我的注意力也被这个女孩散掉了。于是，我失掉了后面教学的底气，丧失了自信，课堂就这样在陡然间滑了下来，最终，我以失败沮丧的心情结束了这节课。

课后，这个女孩最要好的闺蜜悄悄告诉我说：“呼老师，看得出，今天课堂上您的情绪受到了影响，因为您后面的教学感觉是乱的，这不是您的教学风格！还有，最近的您，最好不要在课堂上过多关注她，更不要在数学课上频繁地提问她，因为，她失恋了，情绪低落到了极点，这几天，她看谁都不顺眼，您要给她一段缓冲的时间，一段时间后，也许就会好一些。”

瞬间，我理解了学生，也读懂了女孩心中满溢的忧伤，更理解了女孩在我的数学课堂上的拒答行为。其实，我们每个人都是自带弱点、踉踉跄跄地行走在人世间。每个人也都会有情绪低落的时候，都会有遭遇挫败时的沮丧，遭遇挫败时，也都渴望拥有一个安静的独处空间，为自己疗伤。

学生也许不知道我后面的教学为什么会散掉，反思后我清楚地认识到：那天我感受到了自己教学及班级管理中的“黑洞”，感受到了自己班级管理经验的诸多不足。因为，课堂上我所有的注意力都被这个女孩带走了！

下午，课外活动时间，我在学校操场散步，恰遇女孩也在操场散步。于是，我试图走近这个女孩，并与她坦诚交流。我试图探求女孩在我课堂上拒答的真正原因，可女孩只是淡淡地说了一句：“我今天心情不好，我不想在课堂上回答你的任何问题，我有选择不回答的权利！”女孩的话让我又一次陷入了沉思。

反观自己的班级管理和课堂教学：我的不放弃，我的“学生站起后必须领悟后才能坐下”的教育理念，也许本身就存在着问题。学生作为学习的主体，是应该有选择“不回答老师问题”的权利的，而我的“不放弃”也许恰恰剥夺了学生的这种选择权。

反思让我深深懂得：课堂上，教师的任务是要带领所有的学生一起学习，任何与学习无关的事情都应该排除在思考范围之外，万万不能因个别学生的不配合而影响了大多数。

同时这节课也让我体悟到：教师的爱应该是豁达而厚重的，当我们的爱遭受挑战和抗拒的时候，当我们的爱受到误解和非难的时候，应该依然保持那份纯净，依然要学会执着而理性地表达自己。教师之爱，应该具有这样的胸襟，因为只有当我们心地纯净的时候，教育教学才能变得顺畅、纯净。

把青春的生命引向高处

2013 年，我再次接手高一艺术班，在这个班级里，我曾经相遇了一群“三无”学生，即“没有人生目标，没有学习动力，没有实际行动”的自我放逐的学生。对这部分学生的教育，一段时间里成了我工作中的一个老大难问题。

2014 年 7 月 16 日，全国班主任峰会在陕西渭南召开，其间，我主持了 7 月 16 日下午的沙龙研讨会，和广东的张岩老师、贾高见老师及河南的王晓琳老师等，一起研讨学生小 C 的案例。学生小 C 的情况，几乎就是当时我所带艺术班整个学生群体的真实状态。

小 C，其实也是我们班一个女生小雅（化名）的真实再现。她寄宿在校，初中升学没有考入重点高中，所以来到我们学校学习音乐专业。

进入我们学校、我的班级后，她的学习状态不佳，上课不抬头，听课不做笔记，作业也多是应付式地抄写一下答案，多数时间就是埋头用手机上网、聊天或者看小说，学习成绩也迅速下降至班级的倒数几名。

后来，我与她交流，了解到她的思想状况：她觉得考进我们学校学习音乐专业，没有什么前途，觉得自己的文化课反正是学不会、跟不上，干脆放弃不学。于是，她进入了一种自由散漫的状态。

为了追求不受约束的自由，她把自己的追求和上进心，开始有选择地关闭了。她关闭了一切与学习有关的内容，完全沉浸在个人的自由世界之中。

我多次找她交谈，但所谓的成绩和分数根本打动不了她，成绩的优劣更不是她关心的主要问题。学习成绩如此凄惨，也根本伤害不了她，因为这个孩子思想的关注点已经转移到了另外一个领域，她开始更加放纵自己，进入到一种更加自由的无约束状态。

通过交流，我了解到她所追求的自由，就是在一定的范围内做自己喜欢做的事情。其实，我们所追求的自由，应该具有两种含义，一种是积极的自由，一种是消极的自由。积极的自由能把人生引向生命的高处，带领人们走进一种潜能自由发展的境界；而消极的自由则会把人引向低处。

小雅在这里所追求的自由，应属于后者。表面看她追求个性或者自由，其实是一时的自在与快乐，实则是在逃避一种责任。她的这种状态，在我当时所带的2013级艺术班中，不只是出现在小雅一个人身上，类似于小雅的，还有一群学生。这是一群“没有人生目标，没有学习动力，没有实际行动”的“三无”学生，也是一群追求自我放逐、自由散漫的学生。

如何把学生迷茫的自由引向生命的高处？思考良久后，我决定先从改变小雅这样一群人的思想观念入手，并和他们一个一个进行约谈。

和小雅约谈

老师：“为什么在学校里不好好学习？这样颓废究竟是为了什么？”

小雅：“我本来就不喜欢学习，是父母逼着我来这里学习的。”

老师：“为什么不喜欢学习？”

小雅："因为很多文化课，我压根就学不会，如果我能学会，我就不会来这里了。还有我觉得学习真的是太辛苦了，觉得自己学这些知识其实没有什么用处。"

【这里，小雅自己也分不清自己最真实的感受究竟是什么。学习苦不苦根本不是重心，重要的是学校的学习生活根本吸引不了她的注意力，她无法对学习产生任何兴趣。她生命的关注点压根就不在这里】

老师："可是按照你目前的这种混日子的状态，两年后，你的未来在哪里？你能得到什么呢？"

小雅："这个，我还没有想过那么长远。"

老师："按照这种状态，两年后你可能什么大学都考不上。"

小雅："这，我知道的，我压根也没有想过要读什么大学。"

【用马斯洛的需要层次论来分析，最底层的需要是生存的需要，然后依次是安全的需要、爱与被爱的需要、自我价值的需要、自我实现的需要。此时的小雅，把自己生命的关注点全部放在了最底层的生存状态里。越是低级的需要，它的力量其实就越是强大，所以，小雅的生命根本无法聚焦于生命的高级层次上，她无法认识到自我存在的价值。她的存在感太低微了。生存下来的短暂快乐，在此时她的身上过于强大了些】

老师："你这样在学校混，实在是太浪费生命了。我给你一个建议，与其这样混日子，不如休学一年，去打工，尝试一下另一种生活，思考一下自己的未来。"

结果，她拒绝了，理由是打工太辛苦了。

建议被她拒绝，因为这个选择无法满足她喜欢的自由生活方式，也是对她目前享乐生活状态的一种破坏。

我接着问她："那你的打算是什么？"

她说：“我没什么打算，我就想这么快乐地过几年。老师，你不要管我了，就让我这么混着好不好?”

没有目标，就没有压力，没有压力就不会行动，不行动就不必承担责任。看来，小雅对自己目前的盲目生活状态还是比较满意的。

老师：“为什么选择这样一种颓废的生活状态?”

小雅：“我觉得这样生活，挺好的。”

可是，有一天，邻桌的男同学忽然对她说：“你就这样整天在这里混着，纯属浪费时间，还不如去打工呢。”

男生的话触动了她。她开始思考这个问题，也对父母说过想去打工的想法，后来我在与她的父母沟通时也得到了进一步的验证。其实，读不读书，对于此时的她来说，好像都挺无所谓的，她生命的关注点根本就不在这里，她的想法也没有引起父母的重视，可见这个孩子在家庭中被忽视的程度，的确很严重。问及她的家庭情况，她告诉我，自己有一个哥哥一个妹妹，哥哥很优秀在读大学，妹妹也很不错。

阿德勒在他的经典心理学著作《儿童的人格教育》中提出，家庭中的老二往往是比较容易受忽视的一个。给父母争气的孩子通常是长子，长子通过自己的优秀，会满足家长望子成龙的心理。父母也希望身边有个会撒娇的孩子，小女儿正好满足了这种心理需求。而中间的这个孩子本身又不出色，可有可无。于是，夹在中间的孩子会有几种表现：一种是自卑而超越，像驯龙高手中的小隔隔一样，由一个在群体中最差的孩子成长为最出色的孩子。第二种是深陷自卑而终生无法自拔，最终一事无成。第三种是心理退化，一种极低幼的状态，做出很多低幼的表现以争取家长的关注。第三类孩子，常常会不断地制造大量的麻烦，通过惹是非来争夺父母的关注。案例中的小雅无疑属于第三类。她是一只昏厥的知更鸟，等着被春天唤醒。

谁是她生命的春天呢？

约谈中，小雅多次提及上学期班主任G老师，且谈了几点：

第一，上学期G老师找她聊天，都是要她好好学习，这让她很烦。第二，上学期G老师多次和她聊天后，说她心理有问题，需要专业心理咨询。于是，她开始以自己有心理问题为理由，为自己的行为开脱。第三，G老师很重视成绩，从来不让班里搞活动，她过得很无趣。

这学期，她感觉我对成绩不是很看重，感觉我更在乎学生们能否成为一个情感丰富、身心健康的人，这是她不愿离开我们班的一个重要原因。小雅为什么多次提及上学期的班主任呢？因为班主任破坏了她的自由感。虽然班主任多次找她约谈，但他们谈话的内容是南辕北辙。一个想的是自由，一个关注的是成绩，他们的对话压根就不在一个层面上。老师没有找到谈话的切入点，或者对这样的学生没有好的教育方法，只好说她有心理问题。

聊天过程中，我还发现：第一，初中时候，她在学习方式上是被老师、家长盯着才能学习的。她来到我们学校的目的，是为了摆脱父母的约束，她的状态是父母短视教育方式下出现的，可她的行为是更加短视的思维方式。第二，她之前的班主任说她有心理问题，需要心理咨询，然后她就不断地提醒我：“我有心理问题。”其实说她有心理问题，并不是班主任说错了，人的心理是处在变动变化中的，某一天、某一时间我们被一些事情所困扰，肯定会有一些心理问题。但小雅的问题是心理问题吗？显然不是，她的问题是思想问题。说她有心理问题她不伤心，反而非常高兴——我怎样保有目前得到的极度自由的状态呢？老师不是说我有心理问题吗？正好，我想瞌睡就有人给我送枕头来了。我不想学习就有人说我有心理问题，我正好可以拿着这根鸡毛当令箭。小雅其实正享受她因有心理问题的挡箭牌而带来的利益。第三，她说不喜欢学习，因为学习太辛苦；不想去打工，因为打工更辛苦。而现在，她只想让自己享受当下的生活。

家访

为了了解小雅的更多信息，我一次又一次地进行家访，还和他的父亲电话联系了好多次。

家访反馈信息如下：小雅从小不喜欢做家务，家务基本不碰，做饭、扫地、拖地都是父母或者奶奶做。小学时学习不太努力，成绩一般；初三班主任和老师盯得紧，从早到晚守在班里，又叫家长去学校批评教育，家长对她的要求也不高，让她自己安排自己的时间。

小雅在家中的存在感很低，被关注得也很少，自然被要求得也就更少。父母对小雅的预期是：随她吧，能学好就学好，学不好也没办法。这是一直被忽略的表现，连打也不打，骂也不骂，更不提要求。

电访初三班主任

我打电话联系了小雅初三的班主任，初三班主任主要反映了几点：第一，她是班里女生中比较懒的一个，学习不勤奋。第二，她的交际圈比较窄，比较好的朋友只有班里两个比较内向、自卑的女生。第三，她的数学成绩不好，数学老师经常找她聊天，帮她解决问题。后来，她慢慢地开始愿意学习数学，有问题也会求教数学老师。

小雅出现目前状况的根本原因是，在家缺乏与父母沟通交流，得不到关注；在学校缺乏美好的生命方向。在她成长的世界里，没有童话、没有诗歌、没有故事、没有方向，当然也没有引领。

再次约谈小雅

几天后，我再次约谈了小雅。这次约谈我没有和小雅谈学习问题，更多的是随心交流。

我问："你喜欢看小说，是吗?"

小雅说："是的，平时在学校太无聊了，不想学习，别的又做不了（她的意思是在学校不能玩电脑、看电影）。"

"那你都看什么小说呢？可以分享一下读后的感悟吗?"

小雅说："什么都看吧，言情啊，侦探啊，科幻啊。"

"那就是说，其实你并不喜欢小说，只是因为在学校太无聊了，所以才看小说的?"

"嗯，是啊。"

"那如果是周末，或者假期在家里，让你自由选择，你选择怎么玩?"

"我选择上网啊，看电影啊，聊天啊，等等。"

"老师，其实我觉得你挺奇怪的。如果是以前的班主任，看到我成绩那么差，早就找了我 10 遍。可你却很少找我，有时候我甚至感觉你好像不太关心我，不过这样也好，我乐得自在。"

看来她还是很在意自己的自由状态。

"其实，我找你聊天并不是一定要你努力学习，我几乎从来不因为一个学生学习成绩差而找他聊天。我认为发现生活的乐趣和发现自己的价值，比只关注学习成绩更重要。你有没有兴趣、爱好什么的？”

我不聊学习，让她有了谈话的兴趣，但当时我也没有聊到能让孩子感兴趣的东西，没有找到很好的切入点。

小雅说：“没有。我也不想培养什么兴趣，现在这样觉得挺好的。不知道人为什么要活得那么辛苦。”

“每个年龄段都该有每个年龄段的精彩啊！”我说。

我问她喜欢哪位老师，她说喜欢上学期的音乐老师，老师在她心中的形象是：长得帅，对学生好，还愿意带着学生参加校外的文艺活动。

临走时她说：“我会思考你的建议，是留下来好好学习还是休学去打工体验生活。”我告诉她，不管做什么选择，都应该对得起自己的青春。

案例思考

虽然，我在这里呈现的并不是一个完整的教育案例，因为一个完整的教育案例，一定是要有孩子的成长史，或者要有孩子的阅读史，以及他的精神发育史。但我通过与小雅一次又一次的约谈，意识到对于这类“三无”学生，唯有找准切入点，才能走进他们的内心，点燃他们青春的激情。

小雅这样的学生，是生命无意义感，缺少方向引领和生命激发，从而放任沉沦的典型。冰冻三尺非一日之寒，这类孩子，一般在家庭、学校中都是容易被忽视的，在心理上他们是有欠缺的，家庭的精神生活是贫瘠的，而在学校，时间上又是被牢牢控制的。这类孩子，其生命的状态是极其单一而且没有阳光的。这类孩子一旦脱离父母和老师的监管，就需要极度的自由来获得生命的补偿，偿还他们失去的关注，偿还他们失去的时间。

然而一旦他们获得自己想要的自由，目标感失去，生命的丰富性缺少，生命的意义感也就会极其低迷，他们会让自己更没有存在感和价值感。那么，如何引领这类无追求学生的生命走向？

对于这类孩子，批评并不能解决他们的问题。因为，批评只能解决学生的行为和规则问题，而不能解决其思想认识问题。要改变一个孩子的行为，关键是要改变他对自我的观照和定位，对生命意义有价值的思考。点燃这类孩子的激情，关键是要引导他们从最基本的生存需要出发，引领他们把眼光、把生命的焦点聚焦在远处。这对于家庭和老师都是一种严峻的考验。首先，父母要对孩子有足够的关注。其次，老师、父母要对孩子有新的期待，期待越高，他就会发现自己的价值。再次，老师、家长要对孩子进行有针对性的引导。最后，这类孩子对教师带来的挑战，完全是专业发展能力的挑战。班主任既是任课教师的角色，也是学生成长路上的引领者，这就需要教师创造出适合孩子发展的课程来，把所有的学生，引入一件有意义的事情中。

我们教师一定要在足够的教育学、心理学知识的基础上正确认识这类孩子的特点，对生命无限信任，引导他们进入一个美好的课程创造中，可以是班级日记的书写，班史长廊的建立，班级诗歌课程的开启，教育电影课程的开放。唯此，才能把一个个青春的生命，引向一个丰富多彩的、更高的层面。

不和青春期学生较劲

2015年7月，我曾接受《教育时报》记者黄杰的采访，其间，就如何处理青春期学生的情感问题，发表过一些自己的看法。

黄杰：青春期的朦胧情感，在很多老师眼中，是需要严厉禁止的，您如何看待青春期学生的感情或者所谓的“早恋”？

呼宝珍：青春期的学生或深或浅地陷入朦胧情感，是一种青春的宿命，我们无法逃避也不可逃避。对于青春期的懵懂感情，我们每个人或许都曾经有过一段刻骨铭心的记忆。只是身为成年人的我们，已经无法真正理解一个孩子的感受了。

其实，青春期的学生“早恋”很正常，不“早恋”也很正常，这是青春期学生成长过程中必然要经历的一段特殊历程。只不过有些孩子胆子大一点，有了“早恋”的行为，而有些孩子胆子小一点，虽然没有“早恋”行为，但在心理上也许会有“早恋”的对象。

不合理地压抑青春期学生的情感，或者放纵青春期学生的个人需要，都是不对的。为避免“漠视之痛、强拆之殇”，对待学生“早恋”，我总体上是加以防范，不过多跟“早恋”本身较劲，而是把重点放在提高学生的素质上。

其实，何止是孩子，我们每个人的成长过程都曾有过这样的经历。有一些人悄然出现在我们的生命中，曾经让我们梦寐以求，可又会随着时光的脚步慢慢淡出。他们终将成为我们生命中最美好的回忆，不可否认，这就是人类最美好的情愫之一。

我曾经以我所在的班级为单位连续做过一个范围虽小、跨度却长的匿名问卷调查。调查结论是，大多数学生在高中三年的学习生活中，会对异性表现出朦胧好感，并渴望接触。但是，青春期的大部分学生，并不懂得如何正确处理这方面的问题，有的甚至还会背负强烈的负重感。

真正在这个问题上向前跨出一步的孩子，往往是一些缺乏爱的孩子，或者父母离异，或者父母外出务工，或者父母教育方法不当，无法有效沟通。孩子在亲人那里感受不到爱时，就会主动寻求一种补偿性的心理安慰。所以，作为班主任，我们要主动帮助孩子解决他所面临的问题，而不是加大对学生的伤害。爱本身理应得到尊重，而一切以荷尔蒙为假想敌的班主任，都必败无疑。

所谓青春期学生的“早恋”，其实都是有原因的。有的是跟风追潮，想证明自己；有的是寻求刺激，释放情绪；有的是缺少某种情感的呵护，寻求关爱；有的是生活无趣，放纵自己；有的是受不良影响，无心而为……对青春期学生的朦胧情感或“早恋”，我们要用科学、合理的方法加以引导。

我经常对学生说，凡是发生的事情都是正常的，我们需要做的就是尽量以最好的方式来处理。处于青春期的学生，对异性产生朦胧的好感是很正常的情感。当这种感情萌发了，我们无需畏惧，无需紧张，只要合理处理即可。

成年人眼中的学生“早恋”，并不是真正的恋爱，他们只是在青春的懵懂期，对异性产生了好感；还可能是因为学校学习生活本身比较枯燥，学生的学业压力比较大，想找人倾诉而已。对待青春校园里绽放的爱情之花，一个优秀的老师要做的，就是宽容地接纳它，真心地呵护它，为它修剪斜出的枝叶，给它指引向阳的方向，让友谊之花绽放，让纯洁的爱如种子般深埋土壤，待到合适的时候再破土而出。

黄杰：在你的班上，你是如何对青春期的情感进行沟通和引导的，用的是什么样的方法和形式？

呼宝珍：让一件事情变得平常，最简单的方法是让它经常出现在可以讨论的范围内——见怪不怪。为此，我经常借助社会、学校发生的“早恋”故事，让学生展开讨论：喜欢一个异性意味着什么？如果他或她很优秀，我有和他或她匹配的条件吗？我有足够的理由证明，恋爱既能促进自己的学习，又能激发所爱的他或她的学习热情吗？讨论的过程，就是帮助学生树立正确的恋爱观。

另外，我还借助青春期教育主题班会，如“相逢在花季”“我的青春我做主”“花季，我们如何相处”等，对学生进行青春期教育。这样，让学生在没有开始“早恋”的实际行动之前，就听到关于恋爱的不同声音，知道每一种看法的利弊，避免他们被某种潮流所裹挟，稀里糊涂地做一些傻事。

我不会告诉学生“早恋”会影响学习这类话。我会告诉孩子们什么是真正的爱。爱是一种责任，一种担当，当一个人决定去爱另一个人的时候，就意味着自己有义务对另一个人负责。

限制是变相的鼓励。对于青春期学生的懵懂情感，作为班主任，我们要想方设法破除神秘感，淡然处之。天下本无事，庸人自扰之。为此，我在班级开展丰富多彩的班级活动，鼓励男女学生在活动中学会正常交往。

三年里我有计划地开展班会和各种活动。如高一年级召开“感悟青春”“做绅士男生”“做优雅女生”“我欣赏的他和她”等主题班会，引导女生做个目标远大、远离是非的淑女，消除交往中的害羞、神秘、好奇心理。高二年级开展“男女生交往利弊谈”辩论会，开展各种男女生互助活动，举办男女生交往案例展览，引导学生正确把握感情，远离不正当交往。高三年级开展“守底线”“登高望远”“把美好留给他（她）”等主题班会，引导学生牢记男女交往底线。

为了让陷入情感泥沼的学生尽快走出来，我运用超常规方式，如对“痴迷不悟”的学生，我请他们每天写一条对方的缺点，并郑重告诉他们，如果写够30条后仍然认为对方不错，那么我会同意他们交往。结果，没有一个学生能坚持下来。

为了处理好男女生情感问题，我用各种方式让学生明白，爱情不是随意而为的事情。真爱是要促进彼此的成长，要让对方比想象中的更优秀。如果因为你的这份“爱”，而遗憾地错过了彼此应拥有的人生高度，那就是对爱的亵渎。对于高中生来说，学业是最重要的，因此，将一份纯真的感情留在心底才是明智的选择。我以班会的形式多次和学生进行“青春对话”，做好青春期学生的保驾护航工作，尽可能让学生增强“免疫力”。

引领学生走出情感的蜗居

下课后，一个女孩总是手扶栏杆，站在教室门前走廊的一个固定位置，向着语文教研组的方向痴痴望着。我很好奇，于是，我把自己也摆在了同一个位置，并朝着同一方向望去。结果，我看到了刚刚大学毕业、年轻帅气的语文老师。霎时，我读懂了女孩的心事。

偶然，在一个优秀男生的 QQ 空间里，我发现了这样几句话：“心仪的她总是牵动我的神经，不经意间，目光总是追随她的身影，这种喜爱之情，我该如何让她读懂?”瞬间，我明白，这个男孩陷入了情感的困惑。

如何引领学生走出情感的低谷？一段时间里，我一直被学生的“早恋”问题困扰着……

禁果逆反原理告诉我们：理由不充分的禁止，反而会激发人们更强烈的探究欲望。如果没有充分的理由，就对事情简单地加以制止，那么该事物就会对人们产生特别的吸引力。依据这一原理，如何对处于青春期逆反心理超强的学生谈论敏感的爱情话题？是简单地说教，抑或是严厉地指责？显然，这两种做法都是有违教育规律的，是难以达成理想的教育效果的，尤其是武断地制止、严厉地指责，不仅无效，反而会火上浇油，会让青春的心灵与我们渐行渐远。

经历和体验过青春期的我们也许都很清楚，青春期的孩子对异性有好感，渴望与异性交往。这是一个人认识自己、认识异性、健康成长的必经过程。但作为班主任，如果因此而觉得这是学生正常的感情，就可以放任不管，那肯定也是不行的。如何处理青春期学生的感情呢?

闲来读书，偶然读到三个国家的三位父亲对待自己孩子的“早恋”教育，使我对如何处理青春期学生的情感问题，豁然开朗。

第一位是苏联教育家苏霍姆林斯基。

他面对14岁女儿提出的“什么是爱情”这个问题，很认真地写信进行了回答。在信中，苏霍姆林斯基给女儿写故事，一是借祖母的童话故事，告诉女儿真正的爱情是“爱、忠诚和心灵的追念，爱情是连上帝都无法理解的力量”。二是告诫女儿，做一个幸福的人，只能是你在成为有智慧的人的时候。三是警示女儿，只有能以人的方式去爱人，才能成为真正的人。

苏霍姆林斯基在给女儿的另一封信中，还谈到对爱情的认识：“人的爱情应当不仅是美好、诚实，坚贞的，同时也应当是理解和慎重的、机警和严肃的，只有那样的爱情，才能带来欢乐和幸福。”

第二位是2006年度诺贝尔文学奖得主奥尔罕 · 帕慕克的父亲。

奥尔罕 · 帕慕克在读书期间爱上了一位女同学，父亲为了让他走出爱河，在晚餐时与他进行了被土耳其国家级大报《自由之声》称为“人类文化史上绝无仅有的沟通经典”的沟通。

父亲直言不讳地问：“奥尔罕，告诉爸爸，那个让你非常迷恋的女孩叫什么名字?”

奥尔罕非常吃惊，但看父亲如此平静，就大胆地解释和据理力争。

父亲轻轻摇摇头：“孩子，你还太小。”

“太小? 爸爸，我已经19岁了，是一个男子汉了。而你，当年只有

17 岁就和妈妈好上了啊！”

“没错，可是你知道吗？我 17 岁的时候已经在葡萄酒作坊当酿酒师傅了，每个月能拿两万里拉。我是说，我当时已经能自食其力了，有一定的经济实力为爱情买单。你呢，一个里拉都挣不到，你凭什么心安理得地钟爱自己心仪的女孩？一个男人如果不能自食其力，不能为自己钟爱的人提供必要的物质生活保障，如果你是女子，你会怎样看待这样的男人？要知道，女人最需要的是男人的责任。”

父亲看奥尔罕埋头扒饭，不再解释争辩，又说：“我一直认为，一个男人如果不能自食其力，哪怕他 40 岁，甚至 50 岁，都不配谈恋爱，谈了就是早恋；相反，只要他有立业挣钱养家糊口的本事，15 岁恋爱也不算早恋！”

一语惊醒梦中人。

奥尔罕看到了自己这场爱情的虚无缥缈和不负责任，决定从这段无根之爱中退出，尽管痛苦，但他懂得了，恋爱就必须负得起责任。最后奥尔罕集中精力学习，考上了土耳其最好的大学——伊斯坦布尔科技大学，为日后的事业奠定了基础。

第三位是我的同学。

得知上初中的儿子谈恋爱了，他没有对儿子的这种行为做任何评价，而是跟儿子讲起了自己的恋爱史。

“爸爸在上初中的时候也谈过恋爱，但是没谈几天，爸爸就‘失恋’了，原因是当时那个小姑娘嫌爸爸学习不好，说爸爸以后不会有前途。”爸爸很平静地说。

“那后来呢？”儿子好奇地问。

“后来爸爸考上了大学，到了一个大城市，而那个小姑娘却在那个县城早早地嫁人了。爸爸觉得很庆幸，因为我在大学里遇到了值得我爱一生的女人。”

“那就是妈妈吧!”孩子笑着说。

“是啊，你看现在我和你妈妈多幸福啊，还有一个这么优秀的你。对了，跟你好的那个女孩怎么样?”爸爸很自然地问。

“我不知道，我就感觉她很会关心人。”

“会关心人，应该是个很不错的女孩。不过爸爸给你一个建议，要想真正对这个女孩负责、真正对自己负责，那就给彼此一个期限。比如，等你们都考上大学后，再开始一段美妙的爱情也不晚啊!”

儿子认真地点点头。但不久后，爸爸就听说儿子与那个女孩已经分手了，儿子是这样对那个女孩说的：“我们要想对彼此负责，就要先对自己的未来负责。”

来自三个不同国家的三位父亲，面对不同年龄的儿女的情感问题，或委婉暗示，或冷静分析，或循循善诱，不同的方法，一样的本质：用足够的尊重、理解、关心和耐心，巧妙地与孩子进行沟通交流，让孩子敞开心扉，及时给予孩子恰切有效的建议，帮孩子摆脱心中的困扰。

三位父亲的话，其实也道破了成年人反对中学生“早恋”的原因。中学生恋爱之所以“早”，是因为处于恋爱关系的双方均未成年，还没有为对方负责的经济能力和社会能力。所以，面对青春期学生的“早恋”问题，才有了众多家长、教师等一干成年人的忧心忡忡。我们总是担心“早恋”的两个人会“宅”在“情感的蜗居”中享受甜蜜，久而久之，不但他们的交友范围会日益缩小，还可能会影响学业，并产生许多棘手的问题；我们认为正值青春年华的孩子，应该是利用大好青春学习、成长，为以后建立家庭、建功立业做好充分的准备……

这些担心确有必要。只是，当我们以社会的名义、从成年人的角度来界定中学生情感的时候，往往又忽略了青春期孩子们的心理、生理特点，忘记了我们常挂在嘴边的"爱情是超越国界，超越年龄"的箴言，生硬地以社会责任、学业未来压制两性情感，结果往往不尽如人意，甚至是令人痛心的——恋情夭折之时，往往也是很多孩子灰心丧气之日。

如何兼顾两者，既能把青春期学生的"早恋"情感引向正常的渠道，又能保护孩子们纯真美好的情感？这是我一直思考的问题。

避免"强拆"

青春期学生的"情感蜗居"虽小，却不易拆除。"强拆"极有可能会适得其反，非但没有拆除，反而会使之更加坚固，或者分崩离析，师生两败俱伤。我们从教师、家长的角度来看待学生的"早恋"，难免会带有急躁的情绪，所以，唯有正确认识学生的"早恋"，才能智慧化解问题。

随着学生年龄的增长，中学生在心理上的自我意识越来越明显，他们有强烈的表现欲和渴望被认可的愿望，他们希望自我独立，对老师、家长的管束常常表现出不满或不服从。而生理上第二性征的出现，对他们这种心理倾向也有推波助澜之效。所以，中学生的这些特点都使得"早恋"极易产生，而一旦出现，就不好消除。

但是，如果我们设身处地地想一下，在中学阶段，谁没有过这种懵懂的感情呢？相信很多人在青春期，都曾有过"暗恋"的对象。由对异性的欣赏而产生倾慕之情，并发展为恋爱关系，也是人之常情。只不过因为上述诸多原因，我们不鼓励这种恋爱关系过早地发展，但我们却无法阻碍其发生。

我们不得不承认，青春期学生“早恋”的产生是必然的，也是无法消除的。这是一种正常现象，作为教师，我们没有必要惊慌。这种感情对于青春期的学生而言，是非常美好的，只是没有发生在正确的时间、地点而已。

面对青春期学生的美好情感，我们不能“强拆”，如果硬要“强拆”，可能会伤及他们，会使他们今后丧失建立正常情感的能力。所以，面对青春期学生的“早恋”情感，我们要学会放低自我，以一种同理心去理解学生的这份美好情感，小心翼翼地去走近，与学生建立统一战线，让他们觉得我们没有“敌意”。

面对暗恋老师的女孩，我给她讲述了自己当年暗恋数学老师的故事，引领女孩学会正确对待自己的情感问题。我还设置了一系列的问题，如：如果此时的你，也陷入了这样的情感困惑，你会怎么做？

“如果是我，我会选择勇敢地走近他！”她若有所思地说。

“美好的爱情是需要匹配的资历的，喜欢一个人没有错，但目前的我，有和自己的老师匹配的条件吗？当两个灵魂不在同一个层面，无法进行深度交流之时，这样的爱情能长久吗？所以，作为学生，我觉得当下最需要做的，还是先搞好自己的学业。”我很快结束了与她的谈话，只是把更多的思考留给了她。

而面对班中一个陷入情感困扰的男生，我是这样做的。

“听说，你最近喜欢上了一个很优秀的女孩？”他不好意思地低下头，不知该怎么回答我。

“我觉得你们俩还真的挺合适的。”这样说，我是在运用同理心，先争取与他建立统一战线。他没出声，但眼睛瞬间就亮了。

“喜欢一个人是很正常的，也是一件很美好的事情。每个青春期的男孩、女孩到了这个年龄段，可能都会或深或浅地陷入青春的懵懂情感，甚至无法自拔，这是一场青春的宿命。”

“喜欢一个人没有错，如果真心喜欢，就好好珍惜。”他抬起头，目光中满是期待和惊奇。

“老师也曾和你一样，走过青涩迷茫的岁月，我也喜欢过一个阳光帅气的男生。但是，师范毕业时，我选择了继续深造，去了高一级的学校读书，而他却留在了家乡的县城，直接做了中学老师。再后来，我们的这段感情，随着我的再深造而不了了之，人生路上总会有这样那样的错过。”

没有任何反对，没有“强拆”，但是，我说的话，却让男孩的心不平静了。他开始思考一些问题，也开始有了行动的改变。我有点意外，但又在意料之中。

避免“蜗居”效应

有“早恋”倾向的孩子，一部分是属于学习上有问题、有挫败感。如果我们能够通过消除学习上的挫败感为其开拓新的成长空间，也许就能“曲线救国”。

我曾进行过这方面的一些尝试。高二下学期，紧张的学习生活让许多孩子倍感压力，挫败感也进一步加剧，一些学生开始在压抑中寻求情感的寄托。

2006 级我所带的高二艺术班里，就有两个孩子因为学习成绩不好而惺惺相惜，并公开在班里谈起了恋爱。如何引领学生走出情感的蜗居？

对我而言，是一种挑战。给学生更广阔的舞台展现自己，不但可以弥补他们在学习上的落差，更能让其意识到早恋“蜗居”的狭小局促。不强拆“蜗居”，但我们可以扩展外部空间，让“蜗居”形同虚设。

反对“强拆”，是因为这片情感的天地虽然局促狭小，但毕竟是孩子们的一份美好感情。尽管从大人的角度来看，这份感情建立得有点早，但是这种情感是强烈而真挚的。所以，教师走进情感“蜗居”的终极目的并非要“拆散”他们，而是智慧“扩建”，这样既可以为他们的情感寻求更广阔、更阳光的渠道，还可以把学生对一个人的依赖转化为对集体、对家庭的热爱和责任。

另外，我还利用异性影响异性的方法，引领学生成长。如，我们班有一个高大的男生爱上了美术班一个优秀的女孩，并且两个人还在校园里公开成双出入。男孩是体育特长生，高高大大，做事却马马虎虎、拖拖拉拉；女孩子是美术特长生，人长得漂亮，学习也不错。得知这件事后，我就在思考，能否“以情攻短”，利用男孩对女孩的恋情来克服他马虎、拖沓的性格弱点呢？

于是，我找到男孩，依然是直入主题：“听说你喜欢的女孩子很优秀啊！”

他愣了一下：“老师，你怎么知道的？”

“你压力山大啊！”我笑着调侃他。

“我有什么压力？”他不解。

“虽然你篮球打得很棒，可是……”我故意卖关子。

“可是什么？”他着急了。

“可是你学习成绩不够突出，做事也拖拖拉拉，有时还爱闹小情绪，男子汉能这样吗？”我这样一说，他立马不高兴了。我一下子找到了证据，指着他说：“看，又开始闹情绪了吧！”他不好意思地笑了。

我不再调侃他，换了一种口气：“听说那个女孩子在美术班表现得很出色，人漂亮成绩也不错。”他点点头。

“那你如果再不好好努力，时间长了人家女生就看不上你啦！”他沉默不语。

我觉得说到他心里去了，就不再多说。

尊重是爱的智慧表达，教师善于从学生的角度出发，学会换位思考，就能实现真正地走进学生的心里。

纸条寄语

多年前，我曾收到一封来自香港城市大学的信，那是一位刚由复旦大学研究生毕业，取得香港城市大学博士学位，而今已经成为深圳大学带博士研究生的教授——我的开门弟子马卫红写给我的。马卫红在信中写道："呼老师，还记得10多年前，您夹在我作业本中的纸条吗？是您纸条中的那句'跨过去，前面就是海阔天空'，激励着我由师大跨入复旦，由复旦走进香港城市大学的。"

没想到，自己随手写下的几句期待的话语，竟让一个学生保存了10年，记忆了10年，对一个学生影响之深，更是我料想不到的。

1989年暑期过后，刚从师范学校毕业的我，被分到一所重点中学任初一数学老师。由于学生刚从小学升入初中，面对陌生的环境、陌生的数学知识，许多学生感到困惑，第一次数学测验，学生的数学成绩不理想。为了照顾学生的自尊心，那次我没有把成绩公布于众，而是在第二天的作业本中，给每一位同学附上了一张纸条，并悄悄写下每个学生的分数和我的深情寄语——

给当时考得不理想的马卫红同学写道："一次失败说明不了什么，跨过去，前面就是海阔天空，老师期待着你下一次的优秀"；给当时考得最好的一位男同学袁水涛写道："你的优秀，真让老师感到骄傲和自豪，希望你继续努力、再创辉煌，老师期待着你。"给当时考得很不理想，但后来学习成绩突飞猛进的李涛写道：“人最难的事情，是正确认识自己、战胜自己，一次挫败根本算不得什么，相信优秀的你一定会走向更加美好的未来。”

一张纸条，几句简单的鼓励的话语，传递出我的期冀。这种做法，不仅缩短了师生之间的距离，而且使我收获了来自学生不断进步的消息，也成了我改变一些“后进生”的契机。一位刚开始数学成绩较差的学生，为了取得好的成绩，就抄袭别人的试卷，我心知肚明而不露于色，只在他的作业本中夹了一张纸条，并写道：“老师真为你取得如此好的成绩而高兴，但愿它反映的是你的真实水平。”

这位同学读了我的纸条，也觉得很不好意思，就在他的作业本中给我夹了一张纸条说：“呼老师，请原谅我欺骗了您，我这次数学成绩是有水分的，最后的两道题我的确抄袭了别人的答案，请您原谅我这次的不真实。”

看到学生已经认识到了自己的错误，我又在他的作业本中送出一张纸条：“有勇气承认自己的错误，这本身就是一种进步，但愿下次别再这样，我相信你一定会学好数学这门功课的，老师期待着你下一次的进步。”用这种方式，竟使这位数学中的“后进生”有了很大的改变，后来他多次给我来信提到那些纸条。

再后来，我喜欢上用这种无声的文字来和学生进行交流。这种无声的交流方式，竟然让我一次又一次抵达了教育的深层次，尤其是和青春期的学生交流一些敏感的话题时，很多不便公开或者当面和学生交谈的话都能顺畅进行。和青春期的敏感女孩在交流情感方面的话题时，运用这种方式交流起来更为流畅，因为，青春期的女孩比男生更容易产生情感的困扰，也更容易陷入情感的泥沼，甚至难以自拔。读懂青春期女孩的柔情，我选择用无声的文字走近她们，我期待自己能在文字的穿越中，抵达教育的深层。

“老师，最近我很是烦躁，总想与人交流，诉说心中的烦闷，今天当我鼓起勇气把自己心中的苦闷写下来与您诉说时，特别期待能得到您的理解和关爱。”

“老师，最近我总是心神不宁，我好像是喜欢上了一个人，我也知道，自己不该在这样美好的学习时期随意挥洒自己的情感，可我又实在难以控制自己的这份感情。”

“多年前，也有这样一个女孩，她的目光，总是被一个高大帅气的男生深深吸引，于是，她的心开始游离于课堂，成绩也一落再落，和很多青春期的女孩子一样，她也一度陷入了情感的沼泽，但后来她走出了情感的低谷，实现了自己的人生梦想……”我这样回复她。

“老师，我知道，在这样一个美好的季节，自己最不应该荒废的就是学业，不该沉迷于青春年少的感情，但我真的是无法让自己从情感的迷失中走出。”

“每个人在他成长的历程中，都会走过这样一段青涩的岁月。在青春这个美丽的季节，总有一种情感让我们无法释怀，总有一种诱惑让我们难以割舍，总有一种放弃让我们青春的脸上写满了忧伤，但不管怎样，我们都要坦然走过……”我又在她的数学作业本中夹了一张纸条，并这样写道：

“作为一名学业未成的学生，行走在艰难求学的路上，时时感受到自己在渐渐长大，成长路上有父母的爱护，有老师的督促，是一种幸福，但最近的我，渴望爱情，渴望读懂异性，虽然我也深知，真正的爱情、真正的美丽需要等待，需要成熟，我也很想把自己的情感深深埋藏，我也懂得，自己不应该在夏天就去挥霍秋天，可是，迷失的心，真的难以自拔……”

“人生就像一次长途旅行，路上要学会欣赏美丽的风景，这个优秀的男生，就是你人生旅途中的一道‘美丽风景’，学会坦然地面对和欣赏。只是，在欣赏的同时，别忘时时叩问自己：我的目的地在哪里？他是不是我旅途中的最美风景？‘这道美丽的风景’值不值得我放弃目标、停滞不前？他会不会也为我驻足停留？相信聪明的你，会想清楚这些的。”

“当然，如果未来的某一天，你与他，在同一高度又相遇了，而且再次发现，更加成熟了的对方，依然是自己见到的‘最美丽的风景’，那又有什么不值得庆幸的呢？记住：奋斗着，追求着，才是永远年轻的生命！拼搏过的人生，才是无怨无悔的！”

“感谢老师给予我的这些温情话语，我好像懂了。我想，我会尽快走出情感的泥沼。”

“其实，男女生正常交往，既可以互相促进，彼此学习，还有利于身心发展。你不必刻意回避与自己喜欢的男生交往，相反，可以大大方方地与男生交往，也可以喜欢他们，但千万不要把他当作你要依靠的那个人。每个人都可以喜欢一个人，只是不要轻易地去说爱。因为爱是一个非常沉重的字，这句话只要一说出口，连带的就是责任！”

“‘这个世界上真的没有如果可以出售，无论自己经历了怎样的来势汹汹，心里一定要清楚，一切都会过去！明天又是另外一天了！’这是《飘》一书中斯嘉丽的座右铭，送给你。”

就这样，我用无声的文字和数学作业本中的小小纸条，一点一点地走进了这个青春女孩的心灵。

班中还有一个女孩和外校的一个男生热恋。一段时间后，一天，男孩突然提出要和女孩分手，为此，女孩陷入了失恋的痛苦深渊，久久难以释怀，她开始不断地向别人诉说自己的痛苦。

这是一个对过往难以放下、难以释怀的女孩。一天，她在数学作业本中给我夹了一张纸条，告诉我说她失恋了，为此，她陷入了难以自拔的痛苦深渊，觉得自己对这段失去的感情真的是难以做到释然、释怀。

如何引领女孩走出情感的低谷，学会正确面对情感的挫败？我在女孩的作业本中回复了一张纸条，并给女孩写下了这样一段话：“我很理解你此刻的心情，任何人，在人生的任何阶段，情感受挫都是很伤心的一件事情，更何况一个青春敏感的十七八岁的女孩。我们自己的痛苦也不会因为这个世界有更大或者更值得的痛苦而变得微不足道；它对别人也许微不足道，对我们自己，每一次痛苦都是绝对的、真实的，很重大，很痛。如果原谅一个人不是出自真心，那么对别人来说是一种欺骗，于自己而言是一种背叛。不轻易原谅一个人，不轻易释怀一件事，也是对自己的一种警醒，一种保护。人终究得学会往前看，但也没必要假装圣贤，委屈自己去接纳曾经所有的伤害；忘记不了，就铭记；无法释怀，那就不必释怀。”

然后，我又借机给学生讲述了自己初为人师时，所遭遇的一段情感挫败的故事，我还告诉她一个女孩子如果失恋了，该如何去正确面对自己的情感挫败，如何学会正确处理自己失恋的感情，并把自己当年遭遇情感挫败时，写在日记本中的心语，拍照给这个学生看，让女孩明白：任何一个人，不管你有多么优秀，在这个世界上都会有人喜欢你，也都会有人不喜欢你；会有人欣赏你，也会有人批评你。但不管怎样，我们都要记得自己喜欢自己，这才是最为重要的。

我还告诉她：“有恋爱就会有失恋，失恋对于任何一个人都是一件非常痛苦的事情。但即使我们遭遇痛苦，也不要到处去诉说，而是要学会用一种合理的方式去排解心中的痛苦。比如，我们可以在日记中去直面自己的内心，对自己尽情倾诉心中的苦闷。写日记，其实就是一种很好的排解痛苦的方法。”当年的老师，也曾遭遇过情感的挫败，老师就是依靠这种方式，把自己从情感的泥沼中一点一点地拯救出来的。

当我把自己初为人师遭遇情感挫败时所写下的一封没有发出的信发给这个女孩后，女孩好像明白了什么，她不再到处诉说自己心中的痛苦，开始学会默默面对自己的苦痛，并学会了在日记中倾吐自己的心声。一段时间后，她在自己的数学作业本中，给我夹了一封她给自己喜欢的男生所写的信。她在信中还附了一张纸条说：“老师，每当我痛苦地难以自制地去想他的时候，我就默默地在日记中给他写信，这样写来写去，我忽然觉得自己已经走出了情感的低谷。”

读着女孩发给我的这些文字，我很是欣慰，我知道女孩已经学会了正确面对自己所经历的挫败，学会了正确处理自己的情感得失。当青春期的学生开始学会面对孤独、学会沉默、学会面对自我，开始学会在文字中倾诉自己的痛苦和迷茫，开始学会在日记中记录自己的心路历程时，我想，她真的已经长大了。

当手机“撞”上了校规

2017 年 3 月，某校初三的考场上发生了一起考生利用手机作弊，监考老师在收缴其手机时与学生发生争执，酿成恶性后果的事件。当一个生命在我们眼前消逝，我们在唏嘘的同时更应该反思。

其实，我们只需“百度”一下，因为手机问题而引发的师生冲突，甚至造成严重后果的事件还真的不少。

当此类事件发生的时候，人们大多表现出来的是不解、惊讶和惋惜，然后感叹现在孩子不堪一击的心理承受力和抗挫折能力。家长接受不了现实，通常会把所有责任直指学校和老师，而在中国传统观念里，舆论又通常会站在弱者一边。

谁是弱者？看起来是死者和家属。所以，学校为了维持正常的教学秩序和出于人道主义关怀，通常也会选择承担责任、安抚家长。而那个监考老师也将为自己严格执行学校规则的行为付出代价。

我想，这一切都将成为他一生的噩梦。就像那个开车在路上没有超速、没有酒驾、没有闯红灯、没有任何违章的司机，在正常行驶下遇到行人不守规则横穿马路而死在他的车轮下，那种恐惧，那种我不杀伯仁、伯仁却因我而死的心理阴影，将伴随他的一生。

从理论的角度来看，老师因维护教学秩序而没收学生手机并没有错，但是当这些理论在涉及生命，尤其涉及这些青春的、鲜活的生命时，都会变得无比的复杂和沉重。我们最不愿意看到的就是同行因为各种原因，尤其是因为敬业的缘故引火烧身，或者背负骂名心怀愧疚。

我至今还记得江西那个“80后”年轻班主任，因为收缴学生手机而被学生割喉殒命的悲剧。而他的家里，还有年仅一岁的孩子和年过半百的父母。当我和很多老师探讨此事的时候，多数人能够表达的，都是感叹现在孩子的心理承受力的问题：脆弱，任性，以自我为中心，无视规则，没有责任感。可是，今天我想表达的不是这些，如果我们永远都只会提出问题而不解决问题，那么，悲剧还会重演。作为中学班主任，如何更人性地制订自己的班级手机使用规则，如何更有效地实施教育管理，需要我们积极地去尝试和探索。

手机作为现代人必备的通信工具，尤其是智能手机的出现给人们的生活带来了极大的便捷，很多外出打工的父母主动选择给留守的孩子购买手机。那么，如何管理学生的手机，也在考量着我们班主任的教育智慧。

如何应对学生的手机问题呢？有老师建议说，我们需要做好这样几件事：“首先，我们需要自我剖析——我们对中学生玩手机焦虑的原因是什么？是担心孩子玩物丧志，影响成绩，最终考不上好的大学？还是怕学生沉迷于网络游戏而无法自拔？于是，我们可以经常看到班主任和学生之间因为手机而发生的师生冲突，也经常见到老师、家长联合起来与孩子围绕手机斗智斗勇。其次，我们要站在一个更为广阔的视野来看——手机问题不仅仅是校园问题，如今已经演变成了社会问题。智能手机的普及改变了人们的生活方式，身处青春期，最具创造力和好奇心正强的中学生，他们又怎能抵御智能手机的诱惑？为此，我们需要换个视角来看我们的教育行为——难道手机普及之前，我们班主任的教育之路就一帆风顺了吗？没有手机，学生们就能心无旁骛地认真学习了吗？

就能顺利考上重点高中、重点大学了吗?”

回望当年的我们，读书时，虽然我们并不曾拥有手机，但我们就努力学习，就考进很理想的大学了吗？再回望我们的为师岁月，我们是否教育过因迷恋小说而无法自拔的学生？是否教育过因迷恋街头网吧游戏而不回家的学生？为什么我们班主任从来就不缺少教育问题？因为，即使是手机没有出现，也会有这样那样的东西来吸引学生，然后成为我们的教育问题。

当然，手机问题和以前我们遇到的各种教育问题有共性，但也有特性，特别是智能手机集娱乐、通信、互动、理财、购物等强大功能于一身，不仅携带方便，操作简单，而且还有一个更强大的优势——网络支持下的便捷与瞬时满足，所以不仅是学生，就连我们成年人也纷纷拜倒在手机面前，甚至成为手机的奴隶。

中学生玩手机，的确给我们带来了前所未有的巨大挑战，但挑战并不在“如何不让学生玩手机上。当我们把问题聚焦在手机上，我们就会被手机遮蔽了教育的慧眼。为此，我们需要回到教育的根本：教育的目的是人的发展”。

中学生的手机问题，只是学生成长问题的外显。为此，处理学生手机问题的正确思路应该是——让手机回归手机原来的样子。班主任不仅是学生成长的教育者，也是学校管理的具体执行者。在这两种身份的制约下，班主任面对中学生的手机问题就更为困难，既要兼顾学校管理的要求，又要进行必要的教育，还不能像家长一样对学生进行强制管理。

因此，班主任要学会走钢丝，我们要以学校管理执行者的身份从面上进行管理，稳住基本盘，再以教育者的身份，切入学生成长的教育中，最终既能关照孩子自身的成长，又能应对学校的管理要求。所以，在这一特殊身份的前提下，我们的应对思路应该是先管理，再诊断，后教育。

管理

班级需要管理，学生的手机，同样也需要我们去管理。如何管理？我采取的方式是学期开始，先召开一次“如何正确使用手机”的班会课，全班学生一起讨论如何正确使用手机，从而让学生轻松地得到一个结论——手机本无错，错的只是不正确的使用方法。

“现在是信息化时代，手机已经是我们生活中不可缺少的一部分，可学校却不允许我们带手机进校园，学校的规定太没有人情味啦！”

“手机是现实的客观存在，存在即合理，关键是我们如何在学校的约束和规范中求得手机的合理使用。”

这是我们新高一（3）班同学在班会中讨论的内容。

手机作为现代人重要的交流工具，已经蔓延到了中学校园。手机的到来，既改变了学生的校园生活，也给我们的管理带来新的挑战。尽管很多学校三令五申，上课期间不允许学生带手机进校园，可还是有一些学生无视校规，硬把手机带进了校园。那么，作为班主任，如何平衡校规与学生需求之间的矛盾？如何做到既照应校规，又不把自己逼上和学生对立的绝路？借鉴南京陈宇老师的做法，我的思路是“悦纳、规范、监管”。

陈宇说：“悦纳，是一种姿态，有时候我们越重视越反对，反而会越强化学生的反抗意识。所以，我们不能看到学生使用手机就如临大敌，或形成职业习惯，看到了就没收，这样会置我们于尴尬的境地。”

作为老师，我们能完全禁止学生把手机带入校园吗？我觉得不能，特别是我的那些视手机为生命的艺术班学生，我觉得自己根本无力阻止学生把手机带到校园。有人说，现在学生使用手机绝大部分不是用来和家长联系的，而是为了和同学朋友聊天的，所以，不能让学生带手机进校园。其实，学生进入青春期，预示着学生的长大，预示着他们有了自己对世界的观察与思考，青春期的学生难道不应该拥有自己的世界吗？难道学生使用手机，真的就会变坏吗？我们不能掩耳盗铃。

陈宇老师说："凡事都有两面性，手机进校园能给学生带来便利，也会给我们管理者带来烦恼。其实，学生有没有手机，都不是最重要的，如果学生觉得带手机进校园弊大于利——这是我们所期待的，那就鼓励学生选择过一种没有手机的校园生活；如果有学生坚持把手机带进学校，我们就先欣然接受。但对于坚持带手机进校园的学生，我们要让其明白，上课玩手机是一种违规行为，如果不进行约束和规范，就会与校规相撞，既不利于个人成长，也不利于班级的发展。这样先把学生上课玩手机置于一种见不得阳光的偷偷摸摸的境地，使带手机的学生有一种心理不能承受之重。当做一件事，需要承担的风险和背负的谴责，超出了做这件事所带来的愉悦时，每个人都会掂量一下，权衡利弊，做出趋利避害的选择，这正是我们需要的姿态。当然，也有个别学生会不以为然，抱着侥幸心理铤而走险、以身试规，在上课时使用手机，玩游戏、看视频、发信息，虽然这部分人较少，但很顽固，我们不可漠视。"

规范的过程，其实也是暴露问题、寻求解决问题的办法过程。作为班主任，我们对班中的每一个学生的行为习惯要深入了解清楚，为此，每次接手新班，我首先用两周的时间来观察全班学生，了解班级学生的手机使用情况，然后进行分类整理：看看哪些同学上课偷偷使用手机上网、玩游戏、聊天，哪些同学拥有手机但并不影响自己的学习，哪些同学根本就没有手机。作为班主任，只有对班级里每一个学生的情况清晰了然，才能从容淡定。

然后，营造氛围、出台班级手机使用公约，既然是公约，就需要班主任和同学们共同约定、共同遵守。任何班级公约的制订，如果缺少学生的支持和参与，就会缺少生命力，班主任执行的阻力也会比较大。公约的制订过程，其实也是消化不良情绪的过程，更是班主任和学生相互融合，实现班级美好发展愿景的过程。为此，我在详细掌握了班级学生手机使用情况后，让全班同学参与研讨制订我们班级手机的使用公约。

一、允许学生使用手机的时间段分别为：早上 7：00—8：00 早餐时间；中午 12：00—13：00 午餐时间；下午 17：00—18：00 课外活动时间；晚上 22:00——22:30 学生晚修结束时间，其他时间使用手机，均视为违规行为。

二、处罚办法：第一次违规使用，发现后教师警告一次；第二次违规使用手机交由班主任保管一天，若表现良好，晚修结束班主任如约归还；第三次发现违规，班主任或者任课教师暂扣三天，然后根据学生自我表现返还；第四次发现有违规行为，则没收手机后交给家长，并且永久性禁止手机带入学校（本公约参考南京陈宇老师的手机使用公约而制订）。

全班同学无异议后，我把同学们的讨论结果交给班委成员记录、打印、张贴，要求每人都与班主任签订手机使用合约，作为政策在班级不折不扣执行。

手机使用公约的出台，只是有了规范学生行为的依据，班主任执行公约的公平正义才是最重要的。班级公约的执行过程，要体现公约面前人人平等，不允许任何人凌驾于公约之上或游离于公约之外；公约的执行结果，当然也要阳光透明，要体现一个共同的理念：以公约的规范代替人情的随意，既照顾到学生的具体情况和困难，也留给学生自我改正的空间。

诊断

规范的班级公约，对大多数学生是有效的，但再规范的班级公约对有些学生来说，可能也是不起作用的。针对个别班级公约管控不了的学生，班主任还需要进行个案诊断。诊断什么呢？诊断手机对这些孩子意味着什么，他们无法放下手机，背后的内在诉求是什么？有老师把爱玩手机的学生分为这样几种情况：A. 铤而走险型：虽然带了手机却撒谎说没有带手机。B. 以假乱真型：网上购买一个和自己手机同型号的手机模型。C. 故布疑阵型：买了两个一模一样的真手机，上交一个，私藏一个。D. 虚情假意型：信誓旦旦把自己的智能手机交给父母保管，还让父母为自己买一个老年机，返校后上交老年机，却趁父母不同意偷偷带智能手机。

其实这些都是现象，和这些现象做斗争的结果，很有可能把 A 学生管住了，A 学生却变成了 B 学生，B 学生又会变成了 C 学生，最后弄得双方都精疲力竭。这样的结果多数时候不仅两败俱伤而且永无宁日，所以，我们需要从围绕手机的持久战里抽身，诊断一下学生对手机为何如此痴迷，我们才能对这个问题有更清晰的认识和进行更有效的教育。

教育

我们是成年人，面对的是青少年，青少年在心理特征上本来就有易怒、冲动、爱感情用事等特点，因此，我们在处理学生手机问题的时候，最忌讳的就是和学生直接对抗。这里，不是替学生开脱，也不是要指责老师，我只是在想，作为老师，我们能不能改变方法，用一种更好的方式来处理师生矛盾而不是激化矛盾呢？

作为教师，我们更应该对未知的事物保持敬畏。我们在面对自己班级学生的时候，因为对自己班学生的性格了解比较多，所以采取教育措施的时候，往往能够游刃有余。可是当我们在监考或者值日的时候，面对的是陌生的学生，那么我们在收缴学生手机的时候，就一定要注意了。要知道，不是所有人都按常理出牌。对于我们不熟悉的人，你不知道他心底积压着什么，你不知道你的哪句话可能就会成为导火索。

我们尽量不要采取和学生正面对抗的方式，有时候“曲线救国”，效果会更好一些。如期中考试后，我刚评讲完数学试卷走出教室，一个男生追上来跟我说：老师，我从来没有这么努力过。我笑笑表扬他，如果真的有进步，我会奖励他。我知道，他是想告诉我，自己是个信守承诺的人。因为在几天前的数学课堂上，我收缴了他的手机，然后在教育他之后得到他的保证，以后绝对不在课堂上玩手机，最后保证用成绩来说话。

我对他教育的时间并不长，课间十分钟都没有用完。我的态度自始至终都很冷静，我先告知他，我可以对他上课偷玩手机这件事采取N种处理方法，其中最简单最直接最省事的方法就是，我把他连同手机一起交给学校政教处处理，此事与我再无干系。我还可以打电话通知他的家长拿走手机，请家长配合教育，但我不打算这样做。我只是与他达成协议，从今天之后，不要再让我发现他在学习时间玩手机，并且对于他学习态度的转变和成绩的提高，我要求他用行动说话，用实践证明。如果做不到，或者再被我发现他上课偷玩手机，那么我就会采取更严厉的处罚。然后，我得到他的承诺，并把手机还给了他。

在之后的课堂上，他发生了非常大的改变，他努力地证明自己，以期望得到我的重新认可。我想，这样处理学生偷玩手机的做法，在于我让他知道，对付他，我有很多种做法，然而，我却选择了再次信任他，我要让他知道，老师的这种信任非常珍贵，一旦他再次失去，就可能永远失去。

第五辑　拓展青春期成长的内涵

班级是人的聚合地，是青春心灵的栖息地；青春的“蜗居”虽小，却会聚着一群懵懂少年的诗意和远方。

班主任不但要有规划引领的意识，还要有把自己的规划通过一系列的主题教育活动来落实和展现的能力，更要有一种课程整合能力，要密切关注每一次主题活动的教育性、系统性与稳固性，并把这三性整合成“班本课程”。

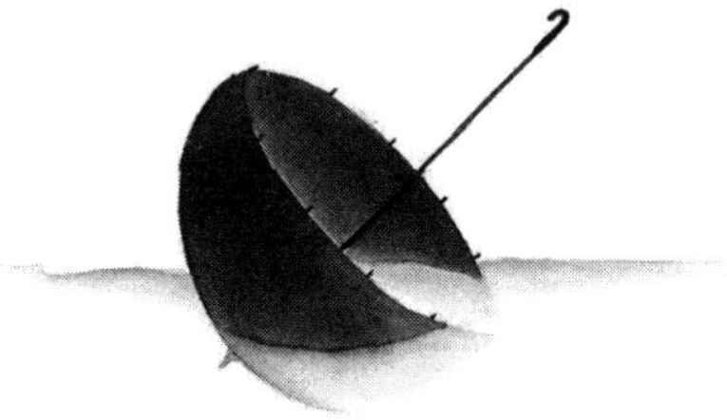

班本课程，点亮青春岁月

青春的心灵是昂扬向上的，但有时也是敏感脆弱迷茫的。如何引领青春期的学生，走出成长的迷茫，走向生命的高处？

班主任不但要有规划引领的意识，还要有把自己的规划通过一系列的主题教育活动来落实和展现的能力，更要有一种课程的整合能力，密切关注每一次主题活动的教育性、系统性与稳固性，并把这三性整合成“班本课程”。

现代学校发展的逻辑告诉我们：基于每个学生成长的班级活动一定是“前置而内生”的。所谓“前置”，就是班级德育课程的设定，既要符合国家的刚性要求，又要顺应时代发展、学生需求的基本走向。所谓“内生”，就是班级德育课程的呈现，必须立足本班学生的实际，符合学生发展的规律，把握学生成长的最近发展趋势，进而自洽于学校的文化与传统。这两者的契合，是构成班本德育课程的逻辑前提。

那么，如何建构“前置而内生”的班本德育课程呢？我的做法是，立足本班学生实际、关注当下、三年统整、阶段推进。

三年统整，即我从学生的“自我成长的规划与建构”“道德言行的规范与控制”“校规校纪的自觉遵守与践行”“日常生活的管理与实施”“青春期行为的规范与提升”等几个方面来践行自己的构想，开发出属于我们艺术班独有的“班本德育课程”，设计出适合我班学生的“自律养成——自己教育自己”“我的青春我做主”等系列主题教育活动，并结合社会、学校发生的一些与学生息息相关的生活事例，依托班级主题活动、学生自我分析及学校班级制度的规范等，对学生的成长提前进行预设性的引领。同时，我还根据不同时期的班情及班级发展不同阶段学生的需求，建构出适合不同阶段学生发展的“班本课程”。

比如，9 月 1 日开学，我接手新班级，此时的班级整体状况是：学生个体之间比较陌生——彼此缺少熟悉感；班级刚刚组建——个体缺少认同感、归宿感；学生来自各个不同的初中——整体缺少对学校公约的认识与统一。在这种班情下，我习惯于把自己的班级建设按两条线索来铺展：一是增强同学之间的熟悉度和对新集体的归宿感；二是将常规的学校规范公约教育与班级文化建设相结合。

在第一条主线下，我先后开设了“让班级因我而精彩”“我是班级的一员”“我自信我快乐”等班级主题教育活动。这些活动不仅能让同学们快速熟悉彼此，而且能帮助同学们有效建立起和谐的人际关系，增强同学们对新班级的认同感和归宿感。在第二条主线下，我先后开设了“我的财务我经营”“我的手机我做主”“我的班规我制定”“我是优雅女生”“我是绅士男生”等系列班级主题教育活动。我试图依托这些活动，对同学们进行校纪校规的自觉遵守和学生行为规范方面的提升引领。

一次成功的班会课，虽然能带给学生一些比较深刻的感悟和正确的认识，甚至能使学生斗志昂扬、热情高涨。但是，作为班主任，我们还必须清醒地认识到，短暂的激情对于青春期的学生来说，是极其不可靠的，甚至在辨析中达到的比较深刻的理性认识，有时也是不可靠的，因为“生长中的青春期生命个体，具有相当强的原始享乐本能”。

为此，作为班主任，我们既要重视建班初期班级活动的实际效果，又不能过于迷信一两节班会课的实际效果。为了确保德育效果的持续性、长效性，在一个时期的班会结束后，我还适时地以一些后续的班级主题教育活动及时跟进，进一步引导学生的激情和理性。

比如，新生开学一段时间后，班级同学之间的陌生感消失，彼此之间也渐渐熟识，此时的班级，虽然表面看起来处于稳定状态，但个别同学的不良行为也开始渐渐凸显，部分同学开始放纵自我。为此，我以后续的系列主题教育活动及时跟进，如“我是一位守时的学生”（时间管理）、“我是一名有礼貌的学生”（习惯养成）、“我是一位自信的学生”（自我领导力培养）、“我是一名认真的学生”（家校共建前置课程）、“我是一位有执行力的学生”（班规班纪的引领遵守）等，为学生的成长提速。

再如，学生手机使用问题，一直是我们艺术班管理的棘手问题。在新生开学的两周左右，我曾就手机的使用问题召开了“我的手机我管理”主题班会。在这次主题班会活动中，我特意安排了学生参与讨论环节。我试图让学生在辩论中陈述自己最真实的想法，并出台了我们班级的“手机使用规约”，以期引导学生建立正确的手机使用观。但在执行“手机使用规约”的过程中，我发现，依然有个别学生“走钢丝”“以身试规”，手机使用问题依然凸显。如何为“我的手机我管理”主题班会课的效果注入持续的动力？如何规范个别学生不正确使用手机的行为？如何利用班会主题教育活动，引导学生分析新问题，进而解决新问题？一段时间里，这些又成了摆在我面前的难题。为此，我以一系列的班级主题教育活动来进行持续的跟进引领，从而设计出了如“畅所欲言话手机”“手机使用规约再规范”“手机问题我诊断”等系列主题教育活动，来提升同学们的自我约束能力，收到了显著的教育效果。

在开发学生“青春期教育”课程时，我深知青春期学生所面临的学业压力、成长迷茫及情感困惑。为此，我先后开设了青春期系列主题教育活动，如“感悟青春”“相逢在花季”“花季，我们如何相处”“学业、爱情我来谈”等系列主题教育活动，为青春期的学生进行成长的预设性引领。

系列班本课程的开发与践行，既让师生与班级时常保持在场，也让教师与学生、个体与班级之间都能保持一种张力性的存在，让教室里的每一个存在个体，你看到了我，我关注着你，从而彼此影响，相互支撑。

一个班级，如果没有经常性的班级系列主题教育活动，那么学生可能就会局限于自我生活的小圈子，不断在自我的狭隘圈子中重复着自我期待，就会缺少他者“在场”所产生的支持力。这样的学生，既容易懈怠，也容易走偏。

附：

我的青春期班本德育课程方案

一、课程背景

经历了第一轮三年带班的挫败、困惑及第二轮三年带班的反思、蜕变后，我重新修整自己的带班理念，真正开始以“一个人的态度”去重新面对“一群青春期学生的成长”。2006年暑假过后，再次接手高一艺术班。艺术班学生文化课基础普遍较差，性格大多比较外向、感性，热爱艺术的青春期学生，对情感的表达，也更为直接、热烈。尤其是进入高一下学期后，随着同学之间的逐渐熟识及高中学习生活的单调，一些同学开始渴望给灰色的校园生活增添一点色彩，于是，班中开始出现一些男生与女生谈恋爱的现象，个别学生甚至陷入了“热恋”之中，有的竟然在校园内外公开拥抱，还有个别成绩不错的同学，也深陷情感迷茫。

遭遇情感挫败的同学，也一时走不出情感的泥沼，难以排解心中的郁闷和苦恼。

如何引领青春期的学生走出迷茫，走向生命的高处？这是我思索了很久的问题。为此，在高一下学期，我在自己所带的高一艺术班开设了青春期教育系列课程，收到了很好的教育效果。

二、课程对象

高一艺术班所有学生。

三、课程目标

鉴于青春期教育的敏感性和应景性，本课程目标定位力求贴近艺术班学生的实际，以解决青春期学生的情感问题为指归。

1. 通过青春期教育课程的学习，使学生认识到青春的美好，树立正确的学业观、恋爱观，摆正学业与爱情的关系。

2. 在参与课程的研讨活动中，习得情感问题的处理方法，知道“爱了怎么办，不爱了又该怎么办”，正确对待情感的得与失。

3. 通过青春期系列教育课程的引领，自觉规范自我行为，提升应对情感问题的能力。

四、课程内容

青春期的学生或深或浅地陷入朦胧情感，这是一场青春的宿命，我们无法逃避也不应该逃避。站在学生的角度去思考，我知道，对于青春期学生感情的事，“堵不如疏”。为此，从高一下学期开始，我在所带的高一艺术班开设了一系列青春期情感教育课程，引领他们走出青春的迷茫，走过成长的雨季。

课程内容安排

课程内容	形式	时间安排
感悟青春	引领提升	1 课时
相逢在花季	问题导引	1 课时
花季，我们如何相处	参与辨析	2 课时
学业、爱情我来谈	案例研讨	1 课时
当爱情遭遇挫败时	书信展示	1 课时

青春期系列教育课程是立足我班学生实际，结合艺术班学生的特点——文化课基础普遍较差、情感需求强烈、表达自我直接而开设的系列情感教育课程。本课程设置从“感悟青春”“异性相处”“收到求爱信或礼物”“遭遇情感挫败”等几个方面,给予青春期学生情感方面的引领。本课程以“体验参与”“案例研讨”“辨析感悟”等形式来铺展，让学生在参与中习得正确处理青春期情感的方法。

本课程中的每个主题一般安排 1 个或者 2 个课时，多数活动安排在周三下午第三节班会课时间，一般两周或者三周开展一次（有时也会根据班级学生的状况随机进行设置、调整），时间为一个学期。

五、课程实施

青春期教育所有课程的实施，我都立足于本班学生实际，遵循“以生为本”的原则，让学生在参与、体验、感悟中习得处理情感问题的方法，树立正确的恋爱观、学业观。

1．“感悟青春”主题班会

这个活动我采用“情景设置—问题导引—参与研讨”的方式来铺展。班会开始,我在 PPT 课件中打出了这样几句话:“了解了生命诞生的神奇，知晓了生命成长的不易，带着成长的喜悦和好奇，悄然间，同学们已经走进了青春的花季。”

班会在两位学生主持人的深情诵读——“青春，是人生中最为美好的时节，也是少年情窦初开、对异性充满好奇、渴望了解、走近异性的懵懂时节”中拉开了序幕。

接着，我设置了这样一个问题情景：一天，一个女孩收到了来自异性向她表达欣赏并想与之交往的短信或者礼物，如果你是这个女孩，你会怎么做？（学生自主讨论并达成共识：要态度鲜明地向对方表明自己的拒绝之意，但拒绝时言辞要委婉，态度要诚恳）抛出这些问题后，我并不急于去求解问题的答案，只是静静地等待同学们自己去思考、去感悟、去表达。

2.“花季，我们如何相处”主题班会

这个班会的召开，我采用“情景引入—反例引思—感悟提升”的思路推进。班会开始，我首先设置了一个动画情境并动态演示：晚修后，学校门口昏暗的路灯下，一位男生和一位女生在深情相拥，然后我在PPT课件中打出了几句富有浪漫气息的话语：“花季，曾经的友谊，不再简单透明；两小无猜、亲密无间，似乎是逝去的昨天。我和他（她）究竟该如何交往？”

同学们讨论达成共识后，我又播放了在网上收集到的大量男女不当交往的反面案例，让同学们在观看、思考中明白：男女不当交往所带给女孩子的身心伤害是无法弥补的。

3.“学业、爱情我来谈”主题班会

这个班会我采用“故事讲述—案例研讨—提炼升华”的方式来开设。首先，我在PPT课件中打出了自己曾在一个学生QQ空间里读到的几句话：“心仪的她总是牵动我的神经；不经意间，目光总是追随她的身影，这种喜爱之情，我该如何让她读懂？”

在同学们的思考中，我首先从“老师的早恋故事”入手，给同学们讲述了“一个为情所困的故事”；然后引领同学们就“学业与爱情”的话题参与讨论。同学们积极参与讨论的热情，真的让我震撼，更让我感动！

4.“当情感遭遇挫败时”主题班会

有“喜爱”就会有“表白”，有“表白”就可能会有“挫败”。面对深陷情感挫败、走不出困顿的个别学生，我采用“书信展示—自悟提升—合理释放”的别样交流方式，让同学们在听读老师过往书信中，学会内省和释怀。

我还让同学们有针对性地展开了如下话题研讨：如果有一天，你也遭遇了情感挫败，你将如何排解心中的郁闷？在同学们充分讨论、表达的基础上，最后我送给全班同学几句话：“同学们，失恋对于任何一个人来说，都是一件非常痛苦的事情，当我们遭遇情感挫败时，无须到处诉说，你可以选择在日记中尽情表达、无束释放。但请同学们记住：在这个世界上，不管你有多么优秀，都会有人喜欢你，有人不喜欢你，也都会有人欣赏你，有人批评你。失意时，一定要记得自己喜欢自己。”

六、课程评价

【评价主体】

课程评价是一个价值判断的过程，也是一个师生合作共同建构的过程。学生既是评价的对象，也是评价的主体；教师既是评价的参与者，也是课程实施的被评价者。据此，本课程评价采用“学生自我评价，同学、教师、家长参与评价相结合”的方式，客观全面地评价本课程的实施。

【评价内容】

课程目标是课程评价的指向和归宿，也是建构课程评价内容的基石。为此，我以课程设定的目标为依托，从青春期学生的学业动力、情感处理、人际关系等几个方面，建立“学生自评”“同学、教师、家长参评”的二级评价体系。学生自评采用学生定期自主评价，主动检视自我行为规范与否，能做到自我规范行为，自觉遵守班级学生行为公约，喜爱时不张扬、不逾越、不沉迷，挫败时不苛求、不偏激，表现突出的老师给予鼓励，家长给予支持。

【评价方式】

教育是慢的艺术，任何德育课程的开设，也许都不会收到立竿见影的教育效果。青春期教育课程的评价，难以用纸笔量化测试来进行评价考核。为此，本课程评价，我采用的是过程性评价与结果性评价相结合的方式，即是在学生成长过程中，一方面引领学生自我提升，自我评价；另一方面携手家长，一起对学生的情感发展实行动态监管评价，并及时发现、引领、跟进学生问题，为学生的成长做好保驾护航工作，也更好地巩固我们的课程实施效果。

人情之外是规则

——“我的财务我经营”主题班会

一、班会背景

遭遇过很多次学生丢钱及帮学生找钱的尴尬和痛苦后，2006 年暑期过后，我再次接手新班，并调整自己的带班思路，变原来的被动带班为主动运筹，由“在教育下游抗洪救灾”到学会“在教育上游植树造林”。于是，接手新班的第一天晚上，我就未雨绸缪，召开了一个关于“我的财务我经营”的主题班会，并出台了我班第一个与钱有关的班级规约，借以规避学生日后丢钱的尴尬及帮学生找钱的难堪。

二、班会目标

1. 通过班会活动，让学生树立保管好钱、经营好钱财的意识，规避班主任日后找钱的难堪。

2. 在研讨中让学生习得如何保管好自己的钱的方法，树立借钱必还的意识。

3. 培养学生正确的财务观和懂得感恩的意识。

三、班会准备

微视频，PPT 课件。

四、班会方式

问题导引，参与研讨。

五、班会流程

1．坦诚交流，导入话题

“佛说，前世 500 次的回眸，才能换来今生的一次擦肩而过。我想，前世我和同学们一定有过千万次的回眸，才换来今生的这场美好遇见。茫茫人海，很高兴能与同学们相遇、相识在这间小小的教室里，并成为你们的班主任。”

“遇见，是一种缘分，能有幸成为大家的班主任，对于我来说是一种幸福。但站在你们面前的这个班主任，并不像别人传说中的那么优秀，她和天下所有的普通教师一样，不完美，她有优点，也有缺点，所以，同学们，请不要把站在你们面前的这个老师，想象得那么高大上。其实，有很多事情，她根本就解决不了，比如给同学们找钱这件事，老师既不是专业的警察和侦探，更不是无所不能的超人，很坦诚地说，你们面前的这个班主任，根本无力帮你们找回丢失的钱，所以，进入咱们这个班级，同学们不要对老师抱有太多不切合实际的期待。”

为了避免不必要的麻烦，今天，我们就“如何保管好自己的钱”等话题，展开一些讨论，希望大家畅所欲言，尽情表达自己的观点。

2．问题研讨，增强防范意识

(1) 怎样的保管方法，才能规避自己的钱和贵重物品丢失？

(学生6人一个小组进行讨论)

学生分享

学生1：“害人之心不可有，防人之心不可无，贵重物品最好不要带进学校。”

学生2：“钱一定要随身携带，不能随便放在寝室的枕头下面，也不能放在教室的抽屉里不上锁。”

学生3：“如果带的钱比较多，可以把钱交给老师进行保管。”

学生4：“贵重物品不用时最好锁在抽屉里，或者锁在寝室的柜子里，以防个别同学顺手牵羊。”

学生5：“平时应将现金及贵重物品锁入抽屉，防止被人‘钓鱼’，教室抽屉最好能锁上，抽屉钥匙不要随便乱放或丢失。另外，在贵重物品、衣物上，最好做上一些特殊的记号，这样万一被盗，将来找回来的可能性也会大一些。”

教师点评

感谢大家分享了这么多保管钱和贵重物品的方法，所有走进这个班级的同学，从今天开始，必须树立一种自我防范意识，要学会妥善保管好自己的钱和贵重物品，因为，只有每个人都保管好自己的钱和贵重物品，才能消除班级个别同学不良行为发生的潜在诱因。以后，凡是因为自己保管不善而发生的丢钱事件，请同学们自负其责，告诉老师，老师既无力帮你们找回丢失的钱，可能还会批评你们。为什么要批评你们呢？其一，因为你的保管不善，既给自己带来了不愉快，也给老师同学徒增了很多的烦恼；其二，当你把几百元钱或者一件很贵重的物品放在寝室的床铺上，或者放在教室的抽屉里不上锁时，这本身就是一种极其不负责任的行为，也是对他人的一种公然挑战，请同学们不要考验他人，让我们都生活在秩序之中。

(2) 如果由于自己的保管不善，不慎发生了丢钱事件，我们该怎么办？

学生分享

学生 1："如果不慎发生了丢钱事件，我们还是要及时告诉老师，但不要对老师帮我们找回钱抱期待，毕竟老师不是专业的警察和侦探。"

学生 2："如果因为自己没有妥善保管而弄丢了自己的钱或者贵重物品，虽然伤心，但要吃一堑长一智，如果老师能帮忙找到，要懂得感恩，如果找不到，也不能抱怨老师。"

学生 3："钱本是身外之物，如果真的不幸发生丢失事件，我们也不要过于沮丧，亡羊补牢为时不晚，保持一种积极阳光的心态，最好。"

学生 4："如果由于自己的保管不善而发生了钱和贵重物品丢失，生活陷入了困顿，我们既可以给家长打电话送生活费，还可以向老师和同学借钱，但不管是向老师借钱还是向同学借钱，一定要记得感恩和按时归还。"

教师点评

关于能否找回丢失的钱，任何同学不要对你们面前的班主任老师抱有不切合实际的期待，因为，你们的班主任，她不是专业的警察和侦探。何况老师还有很多的事情要做，但如果此刻的你，生活陷入了困顿，老师会尽力帮你渡过眼前的难关——借钱给你，既然是借钱给你，那就意味着你要按时归还，借钱要还是我们每一个人需要持守的做人底线。

(3) 你觉得在什么样的情况下，可以向老师、同学借钱？在什么样的情况下，不可以随便向老师、同学借钱？

学生分享

学生1：“我们既要学会保管好自己的钱，也要学会经营好自己的钱，做到既不丢失又保证在校的三周时间里，所带的钱够花。”

学生2：“一般情况下我们不要随便向老师、同学借钱，因为每个人都生活得很不容易。当然，如果是陷入了生活的困顿，比如突然生病了，或者钱不慎丢失了，家长又不能按时送钱来，我们是可以向老师和同学借钱的。但借钱时一定要记得表明自己的困顿和及时归还的诚意，还有我们的感恩之情，感谢在我们陷入困顿时，老师、同学所给予的帮助。”

教师点评

每个人都会遭遇一些意想不到的困难，也都会在某一时刻陷入生活的困顿。遇到困难首先想到向老师、同学求助，这是非常好的选择，但也要明白，老师也是普通人，他们和天下所有的普通人一样，拿着微薄的工资，有需要抚养的孩子和需要赡养的年迈双亲，所以不到万不得已，同学们还是尽量不要向老师借钱，实在是因为陷入生活的困顿，需要向老师、同学借钱时，一定要懂得感恩。

（4）当别人借钱给我们时，我们应该怎么办？

学生分享

学生1：“借钱一定要还，这是我们每一个人需要持守的做人底线，不可逾越。”

学生2：“当我们陷入生活的困顿时，如果别人借钱给我们，哪怕是借给我们很少的几元钱，我们也一定要懂得感恩和及时归还，感恩在我们最困难的时候，老师、同学帮助了我们。”

（5）既然大家都明白借钱要还的道理，那么什么时间归还自己所借的钱最合适呢？

学生分享

学生："过完双休返校的第一个晚上，是最好的归还借别人钱的时间。"

3. 班会总结

借钱要还，是我们每一个人需要持守的做人底线。从今天开始，希望教室里的每一个同学，都能经营好自己的钱，保管好自己的钱，不随随便便向别人开口借钱。如果真的是因为生活所困，万不得已需要向其他同学或者老师借钱，也一定要记得按时归还，因为，信守承诺、知恩图报是我们每一个人必须要做到、做好的事情。让我们每一个人都认真践行班级公约，努力做最好的自己。

六、班会反思

就这样，接手新班的第一个晚上，在没有任何学生发生丢钱事件之前，我们班级就出台了"如何保管好自己的钱和贵重物品及借钱的规则、还钱的期限"等班级规约，并设定了"还钱的期限"，要求任何同学不得以任何理由随便拖延。

于是，每次过完大周，学生返校后的第一个晚上，不折不扣地追回同学们的借款，也成了我这个班主任要做的第一件事。这样做，虽然看起来似有点不近人情，但三年的教育，既让我从帮学生找钱的困顿中走了出来，也教会了学生很多做人的道理。

"信守承诺、懂得感恩、借钱必还"，也成了我班所有学生的良好行为习惯，并且这种好的行为习惯，也惠及学生的日常生活，还延续到了学生的未来。

珍惜时间，让青春飞扬

一、班会背景

接手艺术班，走进这个有87人之多的音乐班教室，发现班里有相当一部分学生属于“没有人生目标，没有学习动力，没有实际行动”的“三无”学生。这样的学生在音乐班，不是一个，而是一个群体，这是生命无意义、缺少方向引领和生命激发，从而放任沉沦的典型。尤其是临近期终考试的这几天，部分同学对考前复习不以为然，他们一方面感叹时间飞逝，一方面又在肆意浪费时间。

如何让他们认识到时间的宝贵？批评，只能解决行为和规则问题，解决不了同学们的认识问题；说教，只会造成学生对老师的话充耳不闻。为此，我决定召开一次“珍惜时间，让青春飞扬”的主题班会。

二、班会目标

1. 借助班会活动，让学生懂得时间的宝贵，浪费时间会给未来留下遗憾。

2. 合理规划自己的时间，制订切实可行的学习目标，提升期末考前复习的效率。

三、班会准备

微视频，PPT 课件。

四、班会方式

问题导引，活动参与。

五、班会流程

这次班会，我按照“故事引领—活动体验—领悟提升”三个环节来铺展。

1. 故事引领：《0.01 秒的奇迹》

首先，我播放了 1988 年汉城奥运会 100 米蝶泳比赛的视频。比赛在如火如荼地进行着，领先的是美国泳坛名将马特 · 比昂迪。他已经把其他选手抛在后面，正向终点冲刺。观众席上狂热舞动的星条旗似乎也表明，他将是这场比赛的冠军，稳操胜券。

到终点了，比昂迪从水中抬起头来，举起双手，想第一个庆祝自己的胜利，但是显示屏上显示的是，一个叫安东尼 · 内斯蒂的苏里南选手以 0.01 秒的微弱优势战胜比昂迪，获得了 100 米蝶泳的冠军。但是在比赛之前根本没有人注意到这个选手，甚至没有人知道这个国家。

结果为什么会是这样呢？通过慢镜头的回放，人们看到，在冲向终点的那一刻，比昂迪并没有一直保持蝶泳的姿势，仅是依靠自己游动着的身体的惯性滑到了终点。而几乎就在同一时刻，来自苏里南的选手内斯蒂始终保持着蝶泳的最佳姿势冲向终点，以至于他差点把头撞到了前面的墙壁上。

正因为这样，他在最后关键时刻，超过了比昂迪，第一个到达了终点，成了这次比赛的最大冷门。内斯蒂夺得金牌的消息也震动了他的国家，苏里南政府宣布全国放假一天，以隆重的形式欢迎凯旋的内斯蒂。这次比赛被人们称为“0.01 秒的奇迹”。

这段视频带给学生很大的震撼，一些学生从中感悟到：当你接近成功时，千万不要松懈，而要继续保持冲刺的状态，以取得最后的胜利。

2. 活动体验

活动一：什么都不做

要求：所有学生都闭上眼睛，在座位上什么都不做待 2 分钟。老师发出“开始”的指令时，学生开始在心里默默计数；当同学们感觉时间够 2 分钟（120 秒）时，可以站起来睁开眼睛，并记住自己所用的时间，但是不能说话，更不能指示其他同学。

结果发现，全班 88 位同学中，10 多位同学在 45 秒的时候就已经起立了，多数学生在 70 秒左右就站起来了，只有两个学生坚持到了 120 秒。

这个环节结束后，我让同学们谈谈自己的感受。很多同学说：原来短短的 2 分钟时间，竟是如此漫长，第一次如此清晰地感受自己心跳的频率，如此清醒地感受到时间从自己身边一秒一秒地白白流逝。

活动二：数学有奖竞答

要求：以小组为单位，把全班同学分成 11 个小组，每组 8 人。我提前将刚学完的三角函数的有关基础知识，以选择题的形式呈现在电子白板上，然后让各个小组快速抢答；最先举手的小组获得答题权利，答对一题加 10 分，答错一题扣 10 分；总分最多的小组获胜。

活动开始，我同步计时，各个小组的同学，很快把注意力都集中在小组竞答上，根本没想到 2 分钟会过得如此之快。在大家感觉“太快了”“不可能”的震撼中，我快速结束了游戏活动。

3．学生感悟

活动结束，我让同学们谈谈参与两个活动的不同感受，很多同学感慨道：“同样是 2 分钟，做不同的事情，感觉时间走过的速度竟是如此不同，第一次的 2 分钟什么都不做，感觉时间特别的漫长，漫长到只能一次又一次地数自己的心跳，让时间一秒一秒地从自己身边白白流逝，突然有一种很心疼的感觉。”

第二次的 2 分钟，由于各个小组同学都处于抢答的兴奋状态，同学们都感觉时间过得特别快，其中一个小组的代表说：“虽然第二次活动我们组的题目因没有做完而留下遗憾，却感觉自己的这两分钟过得很有意义。”

最后班里一个平时不爱学习的同学也感慨道：“不管我们做什么，时间总是在飞逝。不同的是，如果我们只是静静发呆或者说笑打闹，那么时间流逝了我们却没有任何收获；如果我们充分利用时间好好学习，我们就会感觉很踏实。所以，我们只有合理把握时间，青春才会飞扬。”

4．活动延伸：制订切实可行的目标

（1）请全体同学鼓掌 20 秒。

（2）请全体同学鼓掌 40 次。

（3）请全体同学在 20 秒内鼓掌 60 次。

【问题思考】三次鼓掌，哪一次你的速度最快？状态最投入？为什么？

【学生心得】第三次鼓掌最快、状态最投入，因为第三次鼓掌不仅有明确的目标（60 次），而且有明确的时间限制（20 秒），这在无形之中增强了我们的紧迫感。

六、班会总结

在学会充分利用时间后，我们还要学会合理安排自己的时间，因为只有合理安排好自己的时间，才能提高我们的学习效率。

当然，这里面还有一个目标和时间对应可行性问题，如果我们把目标定于 20 秒之内鼓掌 300 次，很明显是不可能的，也会打击大家的积极性。因此，目标的制订既要有明确的时间要求，又要确保在明确的时间内具有实现的可能性。

时间对于我们每个人其实都是公平的，但是，我们每个人对时间的利用却是不对等的，今天偷过的懒，未来要加倍偿还。所以，同学们，请把握好当下，用好自己有限的时间，莫为自己的未来留下遗憾。

同时，时间对我们每个人来说也是不公平的，24 小时的时间有人可以做很多事情，有人也会选择什么都不做。只有合理科学地规划好自己的时间，才能掌握人生的主动权。

释放热情，心在当下

一、班会背景

正月初九，开学第一天。此时，新年的气氛还很热烈，带着形形色色假期印记回到校园的学生，像一只只快乐的小鸟，围在一起叽叽喳喳，诉说着他们丰富多彩的假期生活。面对这样的开学状态，作为班主任，如何借助第一次班会，让回到校园的学生“形回神归，心在当下”？是淡化假期痕迹，还是释放假期热情？我选择了后者。

二、班会目标

1. 通过本次班会释放学生的假期热情，回归当下。

2. 回望精彩的假期生活，展望美好的未来。

三、班会准备

1. 春节放假前，提前给学生布置收集整理精彩假日瞬间的作业，用照片来定格。

2. 开学后用 PPT 课件展示自己的精彩假日。

四、班会流程

1. 教师导入

“没有预设就没有成功。”任何事情要想取得事半功倍的效果，都要提前精心预设，做好铺垫。为了做好新学期的第一次班会课，我在放假前，就已经预设了同学们的假期精彩，并让同学们用图片、文字记录自己的假期生活，请同学们就自己的精彩假日生活做一回顾。

2. 同学分享

“天才和我相距仅仅20天，20天的假期，有人成了智者，而我却成了一个胖子。”

“人生中，两次和父母打工的城市相遇，虽然只是短暂交会，但它却在我的行囊里塞满了回忆，也让我懂得了生活的艰辛和不易。为此，这个学期我会加倍努力。”

“一个人行走的路，构筑他的世界，我大抵是个喜欢去看、喜欢去听，并在心里记下路上故事的人。假期，我和父母一起去旅游，看到了外面的精彩世界。”

“几许偶遇、几多趣事，在这里不经意地翻开，也算为自己、为大家添点快乐的佐料。”

…………

新学期开学后的第一次主题班会，就这样在宽松愉悦中不断向深处推进。

【设计意图】给同学们搭建一个展示自我、释放热情、畅谈未来的平台，为班级营造一种“心在当下”的回归氛围，是我安排此次班会的目的。假期，作为学生生活的一种真实存在，不是教育中的真空，学生包括我们老师，都是保留着形形色色的假期印迹，而刚开学回到学校时，老师和学生都很难一下把新年的痕迹抹去，使自己全身心地投入到工作和学习之中。毕竟，经历一个盛大的春节假期后，每个学生的心里都会留存一些精彩的故事，让学生去淡化假期里的那些人、那些事，我觉得是不可能也很难做到的事情。作为班主任，我们也不应该把学生的这种假期生活排除在教室之外。所以，在返校的第一个晚上，我从来不让学生学习，事实上，他们也无心学习。首先给他们创设一个释放假期热情的平台——让他们尽情畅谈，因为说完了，就释放了，轻松了，就不会再说了。其次，新年刚过，来到学校，很多学生都带来了美味的零食，弄得教室里天天充斥着零食味，还不如让大家一次尽情享用。这样，让同学们在边吃边说中，轻松开启新学期的新生活。

3. 敞开心扉，展望未来

“新的学期，新的征程，学习不够优秀的我，这个学期会加倍努力，期待大家能与我一路同行！”

“意志不够坚强的我，期待气馁时有人为我打气，懈怠时有人为我鼓劲，进步时有人为我喝彩，徘徊时有人为我引路。”

“新的学期，新的开始，我会努力奔跑，请同学们别忘为我加油！”

“相信呼老师不仅是我们优秀的数学老师，还是出色的班主任，青春路上，更是我们的知心朋友，期待您与我们携手同行。”

【设计意图】既让同学们尽情说出假期里的那些人、那些事，也不忘让同学们谈谈未来，聊聊成绩，想想新学期的新期待、新规划……这样，既拉近了师生之间的距离，也让我聆听到了教育花开的声音。

4. 教师点评

“同学们，经历一个快乐而又难忘的寒假，我们又重新回到了熟悉的校园。假期，渐渐成为过往；学业，尚需不断努力。不管曾经的我们，有过怎样的过往，都不再重要，只因过去不代表你的未来，还因为地球在自转，人类在发展，每个人都会不断地进步。所以，新的学期、新的启航，让我们怀揣梦想一同上路！”

在同学们发言的基础上，最后我也以班级一员的身份发言，谈自己听了同学们发言后的感受，谈对同学们的新期望及新学期将和大家一起探讨的新问题，当然，我也不忘及时提出新学期的新期待、新要求。

五、班会反思

“收拾军心”是假期过后班主任必做的工作之一，给学生搭建一个展示自我、释放热情、畅谈未来的平台，让同学们在尽情释放中回归当下，快速做到“收心”。

绅士男生，优雅女生

一、班会背景

一名男生因一件小事，与班中一名女生发生了矛盾与冲突，两个人互不相让，女生情绪激动，对男生大吼大叫，男生甚至要对女生动粗。看到这样的场景，我既好气也感到好笑。如何引领青春期的学生认识到自己的错误，让男生更绅士，女生更优雅？为此，我们召开了这次主题班会。

二、班会目标

1.借助本次班会规范学生的日常行为，提升素质，让同学之间彼此了解、彼此谦让。

2. 观看视频，认识到自己行为不妥的地方，自觉修正自我行为。

三、班会准备

微视频，PPT 课件。

四、班会方式

故事分享，参与研讨。

五、班会流程

1．故事分享

一个名叫亚瑟的国王被俘，本当处以死刑。对方国王非常欣赏亚瑟，于是答应亚瑟，如果能回答出他提出的问题，便可以获得自由。

问题是：女人真正想要的是什么？

亚瑟开始向身边的每一个人寻找答案，但没有一个人能给他满意的回答。

此时，有人告诉他，郊外有一个女巫，据说无所不知，但收费很高，并且要求很离奇。期限马上到了，亚瑟只好去找女巫。女巫答应了他的要求，但条件是要和亚瑟最高贵的圆桌骑士、他最好的朋友嘉文结婚。

亚瑟惊呆了，他看着女巫，驼背，奇丑无比，只有一颗牙齿，身上散发着难闻的臭味。而嘉文高大英俊，诚实勇敢，是他们国家最勇猛的骑士。亚瑟说：“不，我不能为了自己的自由而让我的朋友娶你这样的女人，否则，我一辈子也不会原谅自己。”但当嘉文知道这一消息后，对亚瑟说：“我愿意娶女巫，为你和我们的国家。”

于是婚事公布于众。

女巫也遵守约定回答了这个问题：

“女人真正想要的，是主宰自己的命运。”

每个人都知道女巫说出了一条伟大的真理，于是亚瑟获得了自由。

新婚之夜，嘉文不顾众人的劝阻，走进了洞房，准备面对一切，然而一个绝世美女却躺在了他的床上。

此时，女巫说："我一天的时间里，一半时间是丑陋的女巫，一半时间是倾城的美女。亲爱的嘉文，你想要我白天还是夜晚的哪一面呢？"

2. 问题研讨

问题1：面对如此残酷的问题，如果你是嘉文，你会怎样选择？

男生选择：

一种是白天是女巫，夜晚是美女，因为老婆是自己的，不必爱慕虚荣；另一种就是白天是美女，夜晚是女巫，因为白天可以得到别人羡慕的眼光，晚上回到家一团漆黑，美丑无所谓。

教师呈现嘉文的回答：

"既然你说女人真正想要的，是主宰自己的命运，那么，白天或晚上是哪一面，就由你自己决定吧。"

女巫听后，热泪盈眶："我选择白天晚上都是美丽的女人，因为我爱你。"

问题2：谈谈你对嘉文选择的感悟，说说你最欣赏嘉文身上的什么。

学生分享：

学生1：我最喜欢嘉文的责任心和勇于担当的果敢与气度。

学生2：我喜欢嘉文的绅士、帅气。

学生3：我最喜欢嘉文对女人的尊重。

学生4：我喜欢嘉文的坚毅、勇敢、责任和担当，还有他对女人的尊重。

问题3：你觉得男人的绅士气质主要应体现在哪些方面？

多数学生觉得：

男人的绅士气质主要体现在对女人的尊重上，尊重女人的男人才是真正的有绅士风度的男人。

问题4：怎样让自己成为一个有绅士风度的男生？

学生感悟分享：

学生1：从规范自己的日常行为入手，从尊重班上的每一个女生开始。

学生2：男人的绅士风度体现在他的责任和担当，没有责任和担当的男生，是永远也长不大的男生。

学生3：伟大的代价，即是责任（丘吉尔）。所以，有绅士风度的男人一定是富有责任心的男子汉。

学生4：作为一个男人，需要站在一个较高的起点上，具备广阔的视野，未来的人生路上才能战胜更多的困难，取得更大的成功。

学生5：所谓绅士，就是同时具备了宽容的性格、感恩的心态、幽默潇洒的人，所以，要想把自己修炼成绅士，需要不断地提升个人修养。

教师点评：

“天行健，君子当自强不息。”男生除了要自强做好自己，还要懂得尊重女生，还应该通过自己主动的探索与努力，在这个多变的世界中找准自己的位置，让自己早日成长为真正的男子汉。

3. 播放复旦大学陈果老师关于优雅的短视频

要求：学生边看边记录陈果老师触动自己心灵的话语。

学生分享陈果老师的经典话语：

(1) 我自风情万种，与世无争。即在不干扰别人，不给别人带来麻烦的情况下，做自己，做最真实的自己。

(2)“言行自如”便是一种“优雅”！你的一举手、一投足都应散发着自信。

(3) 别人喜欢你和你喜欢自己，哪个更重要?

回答：都很重要!

但在两者不能兼顾时，你喜欢自己更重要!

因为，当你活成真实的自己时，虽然还会有很多人喜欢你，也会有一部分人不喜欢你，但那种发自内心的喜欢自己，会让你由内而外散发出一种自信，散发出一种自由。

(4) 真正的自信是你喜欢自己，一个人有了自信，活得就会幸福，哪怕别人把你贬得很低，但你依然有自信，有快乐，你身边的人也才会快乐。

(5) 当你活成一束光时，你才能照亮自己，温暖别人。

(6) “当一个女人对镜子微笑的时候，她其实是在对全世界微笑!”一切自爱必会带来热爱生活；一切厌世，追根溯源必是自我厌倦!

4. 资源扩展

你还读到过哪些关于优雅的语句？把你读到的关于优雅的语句与大家分享（很多学生开始用手机上网，搜出很多关于优雅的语句）。

学生分享：

(1) 优雅不仅是一种内在的气质，一种内敛的风度，也是一个人良好的修为，更是一种人生的态度。

(2) 优雅是一种很纯粹的气息，是一种天然去雕饰的韵致，是茫茫人海中偶尔驻足的一个回眸。

(3) 优雅是一种良好的品质，是一种积极的生活态度。

(4) 优雅是没有敏感和自卑，懂得欣赏别人的优点，能理解别人的心理诉求，能容纳别人的缺点和不足，既懂得欣赏至善至美，又能够面对丑恶而自身不沦于丑恶。

（5）优雅是一种高贵的象征，和一个人的财富没有关系，是来自骨子里与众不同的美丽自信。

（6）优雅是一种风度，是对一个人魅力最深度的诠释，优雅的人内心是充实的，喜欢遵从内心的感觉和热情，用优雅的心境去亲近阳光雨露，美丽而深意；用优雅的心境去品味花草树木，淳朴而深情；用优雅的心境去观赏大海，辽阔而深远……

5.问题研讨：如何让自己成为一个知性优雅的女生?

学生结论：

（1）做一个优雅女生，首先要从规范自己在教室里的一言一行开始，做到在公众场合不说脏话，不大声喧哗，不过分张扬自我。

（2）做一个爱读书的女生，以书籍涵养自己的内在气质。

（3）尊重老师，尊重同学，也是一种优雅。

（4）谦虚低调是一种优雅，与同学发生矛盾和冲突时要懂得谦让，富有同理心，懂得多站在对方的立场去想问题，这也是一种优雅。

（5）做一个情感丰盈的人，珍惜同学之间的美好感情，是一种优雅。

（6）自信是一种优雅。做一个自信快乐的人，以一种积极向上的心态迎接每一天。

六、班会总结

也许我们无法改变自己的容貌，更无法改变自己的出身，但我们可以改变自己的内在气质。女生要优雅，男生要绅士，从今天开始，让我们努力做更好的自己。

感恩父母

一、班会背景

期中考试过后，一个周二的下午，我刚走进办公室，就接到小鹏妈妈哭着打来的电话。她在电话中说，小鹏中午放学回家，和妈妈大吵一架后，没吃午饭就直接摔门去了学校。

通过和小鹏妈妈、小鹏的交流，我初步了解到，母子发生激烈冲突的原因，是上周期中考试成绩揭晓，小鹏的成绩很不理想，而他的母亲人到中年爱唠叨，也特别在意小鹏的学习成绩，那天看到小鹏回家，妈妈就习惯性地唠叨了几句。因为考试成绩不理想，小鹏本来就情绪低落，母亲的唠叨让他更是心生烦恼，于是，就在家里与母亲大吵大闹，母子关系也一度陷入了白热化。

每次考试过后，与家长关系紧张的，其实绝不仅仅是小鹏一人，而是有如他这样的一群人。在学生与家长因学习发生矛盾和冲突时，家长有不可推卸的责任和问题，但在与家长及时沟通的同时，作为班主任，如何让身处青春期的学生，更懂得感念父母亲情，这成了摆在我面前的一个急需解决的问题。为此，我们召开了这次主题班会。

二、班会目标

1. 在参与选择中体悟亲情的伟大，感受父母的辛苦和不易，从而懂得感恩父母。

2. 把感恩活动具化为实际行动，以父母认可的方式，表达自己对父母的感恩之情。

三、班会形式

问题导引，参与体验，感悟升华。

四、班会准备

1. PPT 课件，感恩短视频。

2. 提前了解、掌握班级学生与父母的关系。

3. 助手 2 人，一个负责统计人数，另一个负责整理研讨记录。

五、班会流程

1. 创设情境

播放北大才女李媛媛感恩父母的演讲短视频。

（要求：在观看视频的同时，用心体悟演讲者对父母的感念之情）

2. 问题导入

(1) 有多少同学在家中曾与父母发生过矛盾和言语的冲突？

(2) 说说你与父母发生矛盾冲突的主要原因。

(第一个问题请没有与父母发生过言语冲突的同学举手)

【设计意图】通过一段时间与家长的沟通和交流，我已经大致了解掌握了班级多数学生的家庭情况，选择让没有与父母发生过冲突的学生举手，一是照顾青春期学生过于敏感、脆弱的心理，避免个别同学因爱面子不举手的尴尬；二是班会开始就用一种积极向上的方式，引领班会后续活动的推进和发展；三是便于统计。

全班 42 位同学，5 人举手说没有与父母发生过激烈的言语冲突（实际上仅有的 5 个举手的学生中，是否与父母发生过冲突，也很值得考证），37 人表示不同程度地因各种问题与父母发生过矛盾与激烈的言语冲突，与父母发生过冲突的学生约占 88%。

看来青春期的学生普遍与家长关系比较紧张，且多数是因为学习成绩的起伏变化而与父母发生言语冲突，这也从一个方面反映了家长过于关注学生学习成绩的焦虑与纠结心理。

3．参与体验

第一题：

他很爱她。她细细的瓜子脸，弯弯的蛾眉，面色白皙，美丽动人。可是有一天，她不幸遇上了车祸，痊愈后，脸上留下几道大大的丑陋疤痕。你觉得，他会一如既往地爱她吗?

A. 他一定会　　　　B. 他一定不会　　　　C. 他可能会

(要求：班上所有的男生参与此题选择，女生不参与选择)

男生选择结果：多数男生选择了答案 B，部分男生选择 C，答案 A 无人选择。这有点出乎我的意料。

于是，我进一步向男生求证，一个男生问我：“呼老师，你想听真话还是想听假话?”

我说：“我当然是想听真话。”

学生说：“您如果想听真话，那么，我选择的答案就是B。”

“为什么你的选择一定是B呢?”我进一步追问。

学生说：“虽然我也曾经很爱她，但如果一个女人真的毁容了，想想自己以后要每天面对一个毁容的女人，我觉得自己还是有点受不了。所以，我遵从自己的内心，选择了B。”

对学生的回答，我很是无语。

第二题：

她很爱他。他是商界的精英，儒雅沉稳，敢打敢拼。忽然有一天，他破产了。你觉得，她还会像以前一样爱他吗?

A. 她一定会　　B. 她一定不会　　C. 她可能会

(要求：班中所有的女生对此题进行选择，男生不参与此题选择)

女生的答案是三种情况都有，但多数女生的选择集中在答案C。

【设计意图】多数感恩教育,很容易陷入空洞说教的“假大空”泥沼，而所有脱离现实氛围和缺乏学生感悟的道德灌输，都是特别容易引起学生心理排斥的，尤其是对于青春期的学生，我觉得说服教育是最无用的教育行为，空洞说教的效果几乎为零，甚至是负数。为此，我根据自己任教数学学科特点——平时喜欢让学生做选择题，就把自己偶然在网上看到的几个有趣的问题拿来做成选择题，让同学们在参与选择中体验感悟爱情、亲情。

两道题全部做完后，我让学生自由发表自己的看法。

一个学生说：“老师，我发现女人毁容比男人破产还可怕！一个女人一旦毁容了，男人就不爱她了，曾经的爱情，也许真的就要夭折了。”

一个学生说:“老师,我发现爱情是有条件的,爱情会随着你的容貌、地位、财富的变化而发生变化。”

另一个学生说:“老师,我发现,男人都喜欢漂亮的女人,女人都喜欢成功的男人!”

处在青春期的同学们,都把自己的思考聚焦在了爱情上!

第三题:

他是她的父亲,他很爱她。她细细的瓜子脸,弯弯的蛾眉,面色白皙,美丽动人。可是有一天,她不幸遇上了车祸,痊愈后,脸上留下几道大大的丑陋疤痕。你觉得,他会一如既往地爱她吗?

A. 他一定会　　B. 他一定不会　　C. 他可能会

(要求:全班同学都参与此题选择)

全班 42 位同学,全部都选择了答案 A。问及同学们选择的理由,同学们几乎是异口同声地说:“因为,他是她的爸爸啊!”

瞬间,我被感动。

第四题:

她是他的妈妈,她很爱他。他是商界精英,儒雅沉稳,敢打敢拼。忽然有一天,他破产了。你觉得,她还会像以前一样爱他吗?

A. 她一定会　　B. 她一定不会　　C. 她可能会

(要求:全班同学都参与此题选择)

全班 42 位同学,依然是全部选择了答案 A。再次问及同学们选择 A 的理由,同学们的回答依然是:“因为,她是他的妈妈啊!”

四道题全部做完了,我让同学们谈谈自己做完四道题后的感悟。

学生 1:爱情是有条件的,它会随着一个人容貌、地位、财富的改变而发生改变。

学生 2：亲情却是无条件的，它不会因为你的容貌、地位、财富的改变而发生改变。

4．体悟升华

播放《苹果树》的视频。

很久以前有一棵巨大的苹果树。

一个小男孩每天都喜欢来到树旁玩耍。他爬到树顶吃苹果，或者在树下玩。他爱这棵树，树也爱和他一起玩。

随着时间的流逝，小男孩长大了。

他不再到树旁玩耍了。一天，男孩回到树旁，他看起来很悲伤。

“来和我玩吧！”树说。

“我不再是个小孩，我不会再到树下玩耍了。”男孩答道，“我想要玩具，我需要钱来买。”

“很遗憾，我没有钱。但是你可以摘我所有的苹果拿去卖。这样你就有钱了。”男孩很兴奋。

他摘掉树上所有的苹果，然后高兴地离开了。摘过苹果以后，男孩没再回来。树很伤心。一天，男孩回来了，树非常兴奋。“来和我玩吧。”树说。

“我没有时间玩．我不得不为我的家庭工作。我们需要一座房子，你能帮我吗?”

“很遗憾，我没有房子。但是，你可以砍下我的树枝来建房。”

男孩砍下所有的树枝，高高兴兴地离开了。

看到他充满欢乐，树也很高兴。

但是，从那时起，男孩没再出现，树很孤独、很悲伤。

在一个炎热的夏日，男孩回到树旁，树很高兴。

“来和我玩吧!”树说。

“我很伤心，我开始变老了。我想去航海放松自己．你能不能给我一条船?”“用我的树干去造一条船，你就能航海了，你会高兴的。”

于是，男孩砍下树干去造船。他航海去了，很长一段时间未露面。

许多年后，男孩终于再次回来了。

“很遗憾，我的孩子，我再也没有任何东西可以给你了。没有苹果给你。”树说。

“我没有牙齿，吃不了。”男孩答道。

“没有树干供你爬。”

“现在我老了，爬不上去了。”男孩说。

“我真的想把一切都给你……我唯一剩下的东西是快要死去的树墩。”树说。

“现在，我不需要什么东西，只需要一个地方来休息。经过了这些年我累了。”

男孩答道。

“太好了！过来，和我一起坐下休息吧。”

男孩坐下了，树笑了。

【设计意图】借助这个感人的《苹果树》视频，可以让学生体悟父母对儿女之爱的深沉和博大，让学生在日常的生活细节中，更好地懂得感念亲情。

学生心得：

(1) 这是发生在我们每一个人身上的故事。那棵树就像我们的父母，我们小的时候，喜欢和爸爸妈妈一起玩耍。

(2) 长大后，我们便离开他们，只有在我们需要父母，或是遇到了困难的时候，我们才会想到回去找他们。

（3）父母总是有求必应，为了让我们幸福，他们愿意付出他们所有的一切。

（4）也许我们会觉得那个男孩对树很残忍，但我们何尝不是这样对待我们的父母？

5．拟定计划

很快就到母亲节了，我深情地对孩子们说：“同学们，请问，我们应该怎么做才能回馈这份伟大的、无条件的亲情呢？”

（1）拟定一个行动计划，计划的标题是：“我能为父母做点什么？”

请用你的爸爸妈妈能够接受的方式，来表达你的感恩之情，用你的实际行动来践行对父母的爱；让你的父母，成为这个世界上最幸福的父母；让他们因为有你这样的儿女，而感到骄傲和自豪！

【设计意图】关于感恩教育，老师们有太多煽情的做法，如让学生回家给父母洗脚。这样的感恩父母方式，其实多数学生和家长并不能从心里真正接受，甚至很多农村学生的家长，也抗拒这样的感恩方式；还有的学校聘请有关专家，做大型感恩励志报告会，在专家的渲染、煽情下，很多学生和家长当时被感动得抱头痛哭，可是这样大型的感恩报告会，却不一定适合越来越理性成熟的中学生。还有，大型感恩报告的教育效果究竟如何，很值得我们认真考量。基于以上种种考虑，结合我班学生实际，我让孩子们自主选择，以爸爸妈妈能够接受的方式，表达自己的感恩之情。

（2）学生选择的感恩方式。

小静说：“我感恩父母的方式很简单，我准备在母亲节那天，给妈妈买一束康乃馨，感谢妈妈把我带到这个美丽的世界，感谢我的父母养育了我 17 年，陪伴了我 17 年，今天我更真切地感受到了爸爸妈妈的不容易。”

小华说：“我是一个不善于当面表达感情的人，相较于直接的语言表达，我更喜欢无声的文字交流。所以，我选择的感恩父母的方式是，给爸爸妈妈各写一封信，感谢我的爸爸妈妈把我养大成人。”

小鹏说：“我选择的感恩方式是，回家帮爸爸妈妈做些力所能及的家务活。我准备回家后，把我们家楼上楼下的地板全部擦洗一遍，以此来表达我和妈妈吵架的歉意，也趁机表达我对爸爸妈妈的感激之情。”

6．班会总结

这个世界上，有一种爱，亘古绵长，无私无求，不因季节更替、名利浮沉而改变，也不会因为容貌、地位、财富的变更而遗失，这就是父爱、母爱。同学们，让我们永远记得感恩父母，时时懂得回馈这份世界上最伟大的父爱、母爱。

六、班会效果反馈

学生小泽：“第一次在一个安静的夜晚，静静地坐下来，给自己的爸爸妈妈写一封信，回顾父母陪我走过的点点滴滴，忽然间深深地体会到了父母的艰辛和不易。我想，今后我会以更加优异的成绩、更加勤奋的学习和努力拼搏，来回报父母给予我的所有爱。”

学生佳佳：“记不清自己有多久没有真正地坐下来，和爸爸妈妈好好地说一次话了。昨天晚上，当我真正地坐下来，认真地看着岁月刻在爸爸妈妈额头的一道道皱纹，还有头上的丝丝白发时，我忽然发现，不再年轻的爸爸妈妈，真的需要我的理解、关爱和陪伴。”

小鹏妈妈：“呼老师，我不知道你在学校对小鹏说了什么，但我忽然发现，那个天天和我对着干的孩子，忽然间长大了、懂事了，最近的他不但不和我吵架了，回家还主动要求帮给我做一些家务，这让我一下子觉得，自己又成了一个幸福的妈妈，感谢呼老师。”

梦华妈妈：“读到女儿一字一句用心用情写给我的信，我的眼泪哗哗地流淌，感谢呼老师在学校对孩子的感恩教育和用心引领，才让我拥有一个如此懂事、如此体贴父母的好女儿，孩子成长路上有呼老师相伴，真是孩子和家长的幸福，感谢呼老师。”

七、班会反思

中学阶段，随着学生独立意识的增强，青春期学生和家长之间的矛盾也越来越普遍、越来越突出。如何对学生进行感恩教育，让学生认识到亲情的伟大？如何让孩子更好地懂得感念亲情？在一段时间里，这成了一直困扰我的问题。

关于学生的感恩教育，以前的我总喜欢并习惯于对学生们空洞说教，但回望打捞我曾经的说服教育，效果几乎为零，甚至是负数。毕竟，学生在现实中的表现，说明了这一切。

美国学者拉思曾说：“每个人都有自己的价值观，每个人都按他个人的价值观行事。学校教育，要让学生在内部的道德冲突中，澄清自己的价值观，教育要反对公式化的说教和死板的灌输。”为此，我走出传统教育的窠臼，设计了这个以学生“参与、体验、感悟”为主要形式的主题班会，并选择新颖的、适合我这个数学老师的教育方式——让学生做选择题，并在做选择的过程中进一步铺展这节班会课，从而把对学生的感恩教育、精神引领，内隐于各个活动设计中，让学生在活动中“参与、体验、感悟、分享”，并引导学生在交流辨析中，形成正确的价值观、人生观，进而在潜移默化中影响学生的道德认知，提升学生的精神境界。

一次成功的班会课，虽然能带给学生一些深刻的感悟和正确的认识，甚至能使学生斗志昂扬、热情高涨。但是，作为班主任，我们必须清醒地认识到，短暂的激情，对于青春期的学生来说，是非常不可靠的，甚至在辨析中达到的比较深刻的理性认识，也是极其不可靠的，因为“生长中的青春期的生命个体，具有相当强的原始享乐本能”。

为此，作为班主任，我们既要重视一节班会课的效果，又不能过于迷信一节班会课的效果。为了确保德育效果的长效性，还需要在班会结束后，以一些后续的班级活动来继续跟进，并把一个又一个需要跟进的班级活动做成系列，形成班本课程，以进一步引导学生的激情和理性。唯此，才能达到更好的教育效果。

令人沮丧的歌咏比赛

——“我来做评委”主题班会

一、班会背景

元旦前夕，学校举行了一场歌咏比赛，要求每个班级都要踊跃报名参加。作为音乐艺术班，我们班自然是当仁不让。经过三周的精心准备及反复排练、预演，我们班虽然没有取得原来预想的第一名，但也得到了一个很不错的名次——全校第二名。作为班主任，对这样的比赛结果，我已是满心欢喜，但很多同学却对这样的结果很不满意，部分同学觉得我们班同学付出了那么多，却没有拿到理想的名次。于是，比赛结束回到教室后，同学们开始错误归因，相当一部分同学把没有拿到第一名的原因，归结到了评委老师的不公正上。一段时间，教室里弥漫着一种负面情绪。

如何借助班会活动，帮助学生正确认识自我，坦然面对荣誉的得失？这成了摆在我面前的一个急需解决的问题。为此，我们决定召开一次“我来做评委”的主题班会。

二、班会目标

1．借助班会活动，使同学们正确对待成长路上遭遇的挫败。

2．认识自己，学会正确归因，懂得遭遇挫败要从自己身上寻找原因，而不是一味责怪别人。

3． 在参与选择中习得正确的看问题的视角，培养同学们积极阳光向上的心态。

三、班会准备

PPT 课件，班级比赛短视频。

四、班会流程

（一）问题导入，引发思考

我首先发表看法："同学们，元旦歌咏比赛已经落下了帷幕，感谢同学们这么多天来对参与比赛活动的全情投入，尽管我们班没有拿到第一名，但是，作为你们的班主任，咱们班能取得第二名的好成绩，我依然感到骄傲和自豪，对同学们几周来的辛勤努力，深表谢意！

这时，有很多同学在下面开始表达自己的不满。看到同学们激动的神情，我及时地抛出了两个问题，引领同学们把心中的不满情绪及时发泄出来。

1. 对咱们班的比赛成绩，你觉得满意吗？

（此问题一下子激起了学生的不满，教室里开始充溢着各种不满的

负面情绪）

2. 为什么我们没有取得第一名的比赛成绩呢？原因是什么？

学生归因：评委不公平，评委老师偏爱音乐 2 班。

我接着对大家说：“从同学们情绪满满的回答中，我感受到了大家对班集体的热爱，也感受到了同学们对取得第一名的渴望，更感受到了同学们对咱们班取得第二名的不甘。同学们积极向上、永争第一、渴求优秀、努力向上的精神虽然可贵，但同学们，此时我最想说的是，遇到问题，遭受挫败，如果我们不知道从自身寻找失败的原因，却总是责怪别人，喜欢向外找原因，这是我最不愿看到的，也是最让我担忧的。既然大家都觉得评委极其不公正，那么，下面就让我们再来回放一下两个班级的演唱视频。”

3. 教师回放班级比赛微视频。

引领同学们认真观看我们班和取得第一名的班级比赛视频，在观看的过程中，请同学们客观、公正、不带个人感情色彩地评价获得第一名的班级和我们班的演唱水平。

同学们开始慢慢平静下来，也有同学开始说音乐 2 班的演唱真的挺好的，他们不但阵容整齐，演唱水平也真的是比我班同学稍微强一些。

（二）活动体验

体验 1：请你做评委。

教师出示 PPT 课件。

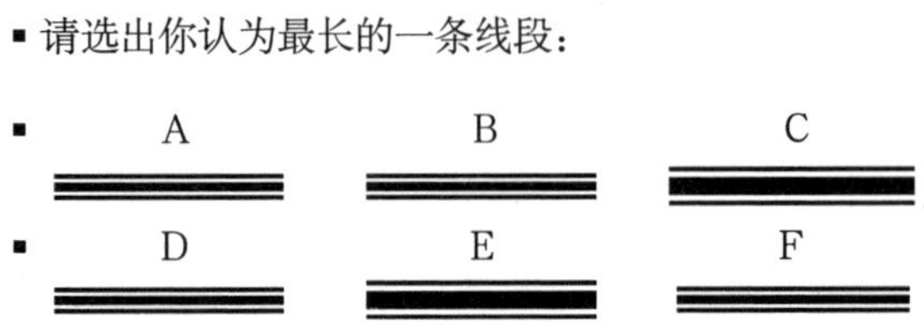

学生选择统计。

统计结果显示，几乎所有的选项都有人选，而且票数持平，没有哪个得票特别突出。

受我这个数学班主任老师的影响，也有一些比较谨慎的同学，并不随意判断，也不随便发言，而是主动拿来三角板，到电子板的 PPT 课件上，直接度量线段的长度，然后把自己发现的结论展示出来。

教师展示正确的答案：C 最长，它比所有的线段都长了 1mm。

体验 2：请你继续做评委，再次选出你认为最长的一条线段。

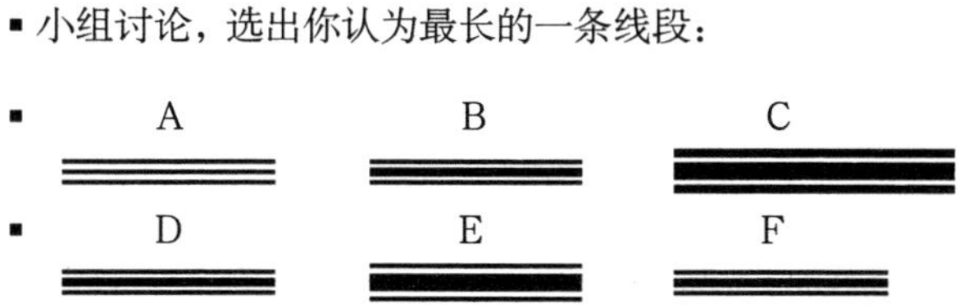

选择结果统计：几乎所有同学都毫不费力地选出了 C 最长。

（三）问题研讨

1. 为什么两次都是 C 最长，第一次我们很难选出 C，第二次却可以轻而易举地选出了 C？

学生分享感悟：

学生 1：第一次选不出 C，是因为它虽然是最长的，但它比其他线段长得实在是太少了，少到你用肉眼根本无法看出来。

学生 2：第二次很容易选出 C，是因为它比其他线段都长得比较多，所以，我们很容易就选出来了。

2. 这个活动带给我们哪些思考？

学生分享感悟：

学生 1：有时候我们没有胜出，不是因为我们不优秀，而是因为我们还不足够优秀。就如同这次歌咏比赛，我们班之所以没有取得第一名，不是因为评委不公平，而是因为我们还不足够优秀。

学生 2：我们若想在各类比赛中胜出，就要努力把自己变得更加优秀，要比别人优秀很多才行，这需要我们付出更多的努力，努力使我们的班级成为各方面都非常优秀的班级！

五、班会总结

同学们，在今后的人生道路上，也许我们还会遭遇很多的不如意，其实，这都是我们成长路上的风景。但无论我们遭遇了什么，都要学会留一只眼睛给自己，不要总是一味地责怪别人，而要学会从自身寻找原因，这才是最为明智的选择。

花季，我们如何相处

一、班会背景

周二晚修后，我开车回家，走到学校门口时，发现我们班一个男生和一个女生在深情相拥。我知道，青春期的学生陷入了热恋的情感之中。如何引领学生正确对待青春期的懵懂感情，学会和异性正确地交往？为此，我召开了“花季，我们如何相处”的主题班会，希望借助这次班会引领学生走出情感的误区。

二、班会目标

1. 正确认识青春期的美好情感，消除青春期学生对异性的神秘感、羞涩感。

2. 在参与、讨论、分享等活动中，掌握男女同学的相处之道，习得健康正确的异性交往方式。

3. 树立正确的恋爱观、学业观，懂得珍惜青春的友谊，协调好学业与爱情的关系。

三、班会准备

1. 会场布置。

2. 多媒体视频，PPT 课件。

3. 歌曲、诗朗诵。

四、班会对象

高二艺术班所有学生。

五、班会过程

（一）创设情境

播放林志颖演唱的歌曲《十七岁的雨季》，同学们同唱调节情绪。

女主持人：了解了生命诞生的神奇，知晓了生命成长的不易，带着成长的喜悦和好奇，悄然间，我们已经走进了青春的花季……青春的我们拥有如花似玉的年华，拥有朝气蓬勃的活力，拥有幻想浪漫的季节，也拥有光明灿烂的未来。

男主持人：青春是春光短暂的时节，也是播种理想、播种美好的时节。但，心仪的他（她）总是牵动我的神经，不经意间，我的目光总是追随他（她）的身影，这种欣赏之情我该如何让他（她）读懂？

【设计意图】一首好听的歌曲，既契合青春期学生的心情，也唱出了 17 岁少男少女们的心声。主持人娓娓述说的话语，既烘托了气氛，也让同学们有一种情景的代入感，激起了想要表达的欲望。

（二）青春迷茫

1．PPT 课件显示

成绩优异的彤彤，忽然收到了一封来自异性的欣赏邀约信。

2．讨论

女主持人：彤彤该怎么做才合适呢？让我们来帮助迷茫的她，做出一个恰当的选择吧！

（同学们畅所欲言，教师现场在 PPT 课件中打出部分学生的观点）

一是拒绝：

学生 1：将纸条交给老师，让老师批评教育这位男生。

学生 2：当众找到这位男生，严词拒绝他。

学生 3：把这件事告诉父母，寻求帮助。

学生 4：寻找恰当的时机，委婉地表明自己的态度，然后拒绝这位男生。

二是坦然接受：

接受男生的感情，偷偷地与这位男生开始单独交往。

3．教师总结

青春期的少男少女，渴望与异性交往，这是青春期心理、生理走向成熟的标志，也是一种很正常的情感表现。正确的做法应该是：在尊重对方的前提下，态度鲜明地向对方表达自己的心意，但如果是拒绝之意，在表达自己的拒绝时，要学会言辞委婉，态度诚恳。

【设计意图】青春期的学生渴望走近异性，这是一场青春的宿命，我们无法逃避，更不能视而不见。这里，我借助一个虚构的情感表达故事，让青春期的学生自主代入到一种真实的情境之中，既规避了学生谈自我感情的尴尬，也在对别人情感选择的参与表达中，习得处理自我情感问题的方法。

（三）问题研讨

假如男生被拒绝了，你觉得他应该怎样做才合适呢？

学生分享

学生1：每个人都有喜欢别人和被别人喜欢的权利，喜欢一个人并乐于表达自我感情，这没有错。但有表达就会有拒绝，如果被拒绝了也不要过于悲伤，或恼怒对方，做出不明智的行为。

学生2：如果被对方拒绝了，要学会相视一笑泯恩仇，彼此祝福，一切安好。

学生3：如果被拒绝了，虽然面子上会有点挂不住，但毕竟是同学一场，同学情依然存在，还是要好好相处，祝福对方。

学生4：被拒绝了要学会转移自己的情绪，投入到更有意义的事情上去。唯此，才能更好！

学生5：天涯何处无芳草，这次被拒绝了，说不定还有一个更好的人，在远方等着我们呢！

教师点评

异性交往是人类社会生活中不可缺少的重要组成部分。喜欢一个人，甚至向自己喜欢的人表白，都没有错，每一份真情都值得我们真诚相待、好好珍惜。但有表白就有可能会被拒绝，当我们的表白遭到对方拒绝时，并不意味着我们自身不优秀，也不一定要求我们和对方断交。此时，我们应该继续和同学保持正常、健康的交往。

【设计意图】任何人在人生的任何阶段，情感受挫都是一件很伤心的事情，更何况青春期的学生。给学生提前预设一个发泄情绪的出口，让同学们在自由讨论中，习得正确面对自我情感挫败的方法。

（四）打开心扉

多媒体课件显示如下问题：

你有心仪的他（她）吗？

若有，你喜欢他（她）什么？

你觉得喜欢一个人，会影响自己的学习吗？

你觉得自己能把握好与他（她）交往的尺度吗？

请同学们发言主要谈谈自己心仪的他（她）应有的品质或行为。

【设计意图】了解青春期学生对异性的认识，关注他们的所思所想，才能做到有的放矢和从容应对，从而为下一个环节做好铺垫。

（五）坦然面对

PPT 课件显示：

花季

曾经的友谊，
不再那么简单透明；
两小无猜，亲密无间，
似乎是逝去的昨天。
我和他（她），
究竟该怎么交往？

问题研讨 1：如果有一天你也深陷情感泥沼、难以自拔，你会怎么办？

学生分享

学生 1：青春期的情感，尤其是初恋的感情，是人生中最美好、最刻骨铭心的感情，也许终其一生，我们都难以忘记。爱了，我就大胆地说出来，或者是给对方写一封表达自己喜爱之情的信，如果恰逢对方也欣赏自己，那就彼此珍惜，真诚相待。

学生 2：青春期的懵懂情感，虽然还不是很成熟，但年少的感情最纯真、最美好，不管我们最终能否携手，都要彼此珍惜。

学生 3：喜欢一个人，就好好珍惜这份美好而又纯真的感情，但与异性相处要学会坚守底线、把握分寸，尤其是女孩子，有些底线是绝对不可逾越的。

学生 4：爱人和被人爱都是一种幸福，但如果深陷其中就会成为一种痛苦和纠结，严重时甚至会影响我们的学习。人生每个阶段都有每个阶段的使命，我们千万不能在学习的最重要时节，深陷情感泥沼难以自拔，更不能在春天挥霍夏天。

教师点评

青春年少，喜欢一个人很正常，如何理性地对待、表达这份喜欢，是我们需要用心思考的问题。萧伯纳说：“纸上求爱，也许是最有趣的求爱方式，也是最能持久的。”因为文字不会说谎，情谊是否真挚炽热，在情书中一读便知。如果真心地喜欢一个人，那就给对方写一封信吧，用你的文字来记录这份美好和欢喜；如果你没有勇气交付，那就暂时把这些文字留存在你的日记中，或者把它安放在你的内心深处。

【设计意图】面对青春期学生的美好情感，作为教师，我们需要的是小心翼翼地去走近，要学会放低自我、以一种同理心去理解学生的这份美好情感，与学生建立统一战线，让学生觉得我们没有敌意，并求得孩子们的邀请，才能顺利地进入“蜗居”。为此，我用一系列问题研讨的方式，让同学们尽情发表看法，我也在倾听同学们的言说中，逐步走近青春的心灵。

问题研讨 2：有表白就会有拒绝，有恋爱就会有失恋，如果有一天你遭遇了情感的挫败，你会怎么办？

学生分享

学生1：如果有一天我被拒绝了，或者不被别人爱了，我想，我会适时地放下，及时地转身，但在转身的同时，我会尊重对方，更要爱惜自己。

学生2：如果两个曾经相爱的人，不再相爱，不管由于什么原因而分开了，我都不会怨恨、仇视对方。

学生3：爱是非常美好的，不管这份爱能维持多长时间，我们都要感谢对方曾经欣赏过自己，感谢对方给了自己一段不同寻常的经历和体验。

学生4：用情太深的人容易受伤，所以，该放手的时候一定要放手，否则，受伤的永远是自己。

学生5：失恋时，很多人都认为世界到了末日，我们总是一厢情愿地认为世界上有很多唯一：唯一适合的人、唯一适合的事。其实不然，很多事情并不是唯一的，适合自己的职业不是唯一的，适合自己的伴侣也不是唯一的，没有一个人的出生只是为了等待另一个人。

学生6：人生之路漫长，但关键处往往只有几步，人活着，不仅仅是为了恋爱。青春期的朦胧情感虽然美好，但我们又必须承认，青春期的爱情，很多只是一种觉醒和冲动，因此，我们必须学会理性对待。

教师点评

青春期的爱恋，的确是非常美好的、纯洁的，不管能否携手走到最后。但如果爱了，请彼此珍惜这份美好的感情；如果遭遇了情感的挫败，也要好好活下去。因为，“每天都会有新的打击”（同学们大笑），挫败时偷偷地给对方或者给自己写一封信，一方面给自己一个排遣负面情绪的通道，另一方面也不会因为遭到拒绝而引起情绪失落，影响彼此的学习。

【设计意图】“失恋”了怎么办？如何引领学生走出情感挫败的深渊？为此，我设计了这样一个“灰色”的情感问题，让学生把伤痛“剥开”来说，这样做，虽然有些困难，但打开心窗，有了裂缝，阳光才能照进来，才能驱除心中的伤痛，让自己尽快从沮丧中走出来。

（六）正确交往

1. 事例导入

某学校校园内发生一幕惨剧，一名高二年级男生因恋人提出分手，用尖锐的玻璃碎片扎破自己的胸口，生命岌岌可危。

这是发生在两个16岁学生身上的故事。由于早恋，他们偷尝了禁果，并致使女生怀孕。女生心理和身体承受了巨大的压力与痛苦。她将怎样面对家人、老师、同学……

2. 学生感悟

青春期的懵懂感情虽然美好，但如果把握不好与异性相处的度，男女交往不当，就会对一个人的身心（尤其是女生）造成难以想象的伤害。所以，我们要学会正确地和异性相处，要把握好男女交往相处的底线，不可随便逾越。

3. 教师总结

发自内心的爱应该是内敛而含蓄的。爱，虽然是一个人的权利和自由，但这并不表明，如果爱了就可以无底线地逾越。

心理学家把人际交往的距离分为四个区域：15厘米之内属于人际间最亲密的距离，这个距离能感受到彼此的体温和气息；46厘米到76厘米之间的距离能使双方友好交谈，但又不会有直接的身体接触，是人际间能感受到亲密气息，但又稍有分寸感的距离；1.2 米到 2.1 米属于社交距离，处在这种距离中，既不会受到伤害，也不会觉得生疏，可以友好交谈；3.7 米到 7.6 米属于公众距离，这种距离能够让仰慕者更加喜欢偶像，既不会遥不可及，又能够保持神秘感。

所以，如果爱了，请彼此珍惜，也请坚守男女交往的底线，尤其是女孩子，“你人生的第一次牵手、第一个拥抱、第一次亲吻，一定要给予一个陪伴你成长的更好的人，即使没有走到最后，但是多年之后，当你回忆起少年时的这段青涩岁月，心里涌出的当是一种温暖和美好!”

【设计意图】让一件事情变得平常，最简单的方法，就是让它经常出现在可以讨论的范围中——见怪不怪。为此，我借助社会、学校发生的“学生不当交往”故事，让学生展开自由辩论。辩论的过程，就是帮助学生树立正确的恋爱观的过程。

（七）配乐诗朗诵

播放诗朗诵《致橡树》（舒婷）。

（八）总结

女主持人：随着时间的推移，我们都迈进了青春的大门，儿时的童言无忌，幼年的两小无猜，都已封存在了童年的记忆中。青春的旅程中，我们依然需要携手前行！

男主持人：同学们，在青春这个美丽的季节，总有一种关爱，让我们心存感激；总有一种诱惑，让我们难以割舍；总有一种放弃，让我们泪流满面。青春是一座让我们走向成熟的桥，但早恋是一枚青苹果，谁提前采摘了，谁就会品尝到它的酸涩。

班主任：同学们，最美好的果实总是结在最美丽的季节里。爱了，就要爱你坚持的位置，爱你足下的土地！不爱了，就要学会优雅地放弃，错过今天所谓的爱情，我们还会拥有明天的“芳草”。如果错过了学习的最佳时机，我们将抱憾终生。

六、班会反思

青春期学生的情感问题，是每个中学班主任都会遇到的棘手问题，也需要我们去正确面对。本次主题班会，我以活泼多样的形式，让同学们在活动中参与，在参与中感悟，在自由讨论中提升，既深入青春期学生的内心，也消除了青春期学生成长中的诸多情感困惑。

在班会过程中，同学们参与的积极性很高，发言也很踊跃。大部分同学的发言是朝着我预期的方向走的，比如说“心仪的他（她）”这个环节，很多同学说出了自己心中理想的他（她）的形象。但在这个环节，也出现了一些我没有预测到的状况，如：有个别男生直接说出了自己心仪的女生名字，结果弄得全班同学哄笑，我自己也有点措手不及。当然，对于学生爱情观的教育，恋爱观的正确树立，仅有一次班会是远远不够的，还需要我以一系列的班会去及时跟进，疏导学生青春期的不良情绪。

第六辑　行走在教育的春天里

教育是一种影响，是用生命润泽生命、以智慧启迪智慧的活动。班主任的影响力，可以触及教室的每一个角落，延续到学生的未来生活。

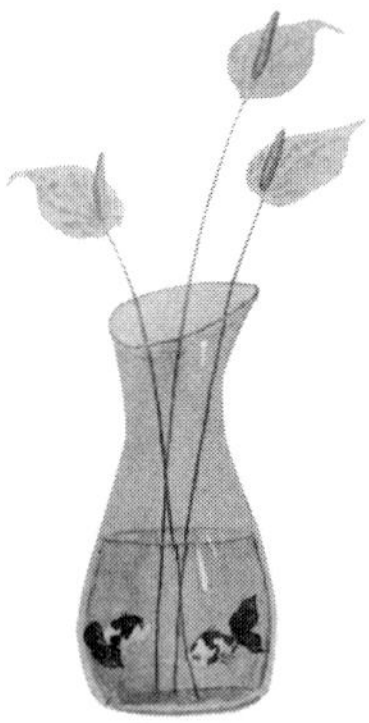

相遇如此美好

张爱玲说："于千万人之中，遇见你所要遇见的人；于千万年之中，时间无涯的荒野里，没有早一步，也没有晚一步。"每每读到张爱玲的这段话，我就会联想到自己与一届又一届的学生相遇、相识。

师生相遇，既是一种偶然，也是一种机缘。世界够大，宇宙够浩渺，不早不迟，不偏不倚，怎么就这样和一群又一群青春的学生遇上了呢?

作为教师，作为普通班主任，与一届又一届的学生美好遇见，既是一种缘分，也是一种人生的幸福。

2016年国庆节，一个在广州做企业高管的学生鹏杰，从几千里之外的广州归来，并特意来看我。多年后师生再次相遇，鹏杰深情地告诉我："呼老师，今天，当我走向一个企业的管理岗位，更深切地感受到，您当年对我们教育的用心用情，感谢您当年给予我们的理财教育、爱情观教育及做人的底线教育，是老师的真诚关爱用心交付，让我们灵魂在场，是老师的系列主题教育活动，让我们习得了做人的智慧和底气，也成就了今天的我。"

鹏杰的话，把我带回了与青春期学生相遇的一个又一个美好瞬间。

2011年暑假，2003级艺术班学生，在毕业5年后的那个秋天，那个刚好是我生日的美丽日子，20多位同学从四面八方回到了曾经的校园，当他们提着一个大大的生日蛋糕，出现在我的办公室门口时，我的感动和喜悦竟无以表达。

多年之后，我依然记得，我和同学们在那个阳光恣意流淌的秋天相遇。他们，是特意代表全班52位同学，来为我庆贺生日的。班长张元为我定制了一幅油画，画面上是一个老师和一群可爱的艺术班学生，这幅画曾一直悬挂在我的卧室里。遗憾的是，后来我在搬新家时，学生送给我的这份特别的礼物，竟然在搬运的过程中被损坏了，如今，我所能找到的，只有孩子们为我留下的一本又一本留言册：

“全班有52位同学，其中有31位是女生，21位是男生，因为呼老师的欣赏和不断激励，女生变得知性优雅；还因为呼老师的执爱纠偏，男生们变得绅士、帅气。最最重要的，是全班52位同学个个都很爱他们的班主任呼老师，因为呼老师不仅教给了我们很多数学知识，还让我们懂得了怎样做一个大写的人。”（全体同学）

“虽然我不是一个很出色的学生，但在和您相处的两年多的时日里，我找到了自己做人的自信和快乐。此时，我最想说的是，呼老师，感谢一路有您！”（徐曼）

“呼老师，谢谢您曾用心、用情打开了我封闭已久的快乐，使我原本内向的性格变得开朗明艳，您一直都是我最崇拜的老师！”（高慧丽）

对于喜爱留存过往文字和图片的我而言，每一个被我和学生用文字留存定格的时日，都是幸福的、明亮的、温热的。在互联网时代，这些文字曾被我发布在自己的QQ空间里、微信朋友圈里，因此，也有了印痕。今天，当我再次回望、翻看那些曾被我用心留存下来的文字，仿佛有光，循光而去，那些已成过往的美好时刻，便像电影回放一般，再次闪跳在我的眼前，让我在这里回忆、回味。

这也正如陈晓华老师的一个学生所说的那样：“作为老师，您一路影响的，是无数个灵魂，不是强加的价值取向，而是以诚相待的心灵交付，这就够了。正因为我们灵魂都在场，你认真地付出过，我们认真地感受过，一切才那么值得珍惜，才给人以真实的撞击，留下永远的美好回忆。”是的，作为老师，当我们认真交付，当我们灵魂在场，当我们种下期望，当我们播下梦想，当我们相信岁月，当我们相信自己曾经许下的诺言，我们的教育才会变得如此纯净而又美好。

有人说，教书是一场盛大的暗恋，你费尽心思去爱一群人，最后却只感动了自己。还有人说“教书如初恋，学生虐我千百遍，我待学生如初恋”。而我只想说，教书于我，就是一场盛大的爱恋，20 多年的从教生涯中，曾经，我和学生一起，经历原初获得和发现知识的惊喜，经历自我成长蜕变的挣扎和破茧为蝶的喜悦。在这样的经历中，我和学生彼此影响，彼此成就，我们成了彼此生命中的重要的人。

每年的教师节、新年的第一天，我都会收到一届又一届学生的新年祝福，那一刻，心里满溢的都是幸福和感动！

记得顾城在《我总觉得》中曾这样写道：

我总觉得，
星星曾生长在一起，
像一串绿葡萄，
因为天体的转动，
滚落到四方。
我总觉得，
人类曾聚集在一起，
像一碟小彩豆，
因为陆地的破裂，

迸溅到各方。
我总觉得，
心灵曾依恋在一起，
像一窝野蜜蜂，
因为生活的风暴，
飞散在远方。

学生，像蒲公英一样，毕业后飞散在祖国的四面八方。当我和学生再次美好遇见时，学生们就像小彩豆一样从四面八方相聚而来，心灵依偎在一起，也像种子一样，在流逝的时间中，生长出青葱的绿色。

有人说，这个世界属于有天赋的人，也属于认真的人，更属于那些认真钻研的人。我知道，自己不是一个有天赋的人，但我知道，自己是一个认真的人。虽然我的努力不一定能让我的学生，尤其是那些艺术班的学生学业有成，他们中的很多人，也许终其一生都读不了很好的大学，也成不了有名的艺术家，但作为班主任的我，希望他们能够正直善良，懂得感恩，能成为一个情感丰富、善于体悟幸福，能够创造爱和美好的堂堂正正的人。

庆幸的是，他们中的许多人，都达成了我所期待的美好，感谢命运，让我与青春的学生一次又一次美好遇见！

在悦纳和自省中绽放

有一种幸运，是遇到一位可以开启你心智的友人；有一种幸福，是在同行中不断追寻自我价值。很幸运，我们有了这一次美丽的相遇。

呼宝珍，一位来自中原大地的教育人。初次相见是在2017年7月12日威海文登的全国班主任会议上，她的精彩报告深深地吸引了我，我很钦佩她富有教育管理的智慧。这次算是相识，有了近距离的交流，可以再次聆听她和她的班级的故事，可以再次感受她的智慧灵光。

“一文一世界，一书一天堂”，是她的微信签名。她的世界里充满了来自文字的力量。热爱的犁铧在三尺讲台不断耕耘，她用勤劳、智慧与温暖，在教育的王国中创造出一个又一个精彩，缔造出属于她和她的孩子们共同成长的精神家园。

这场精彩而富有内涵的讲座，是一次智慧的分享，是一次全情的奉送，更像是同事间的聊天与攀谈。她娓娓道来，让我们回望过去、审视现在、思考未来。我们在聆听中吸取着她的教育智慧，接受着她的教育情怀的感染，经历着美好精神的洗礼。

每一个人都可以在平凡的岗位中塑造一个不平凡的自己。呼老师一路走来，鲜花、掌声、奖杯和赞美给予她太多的幸福与快乐，但我们能够感受到，她的幸福源于她积极的心态、不断的学习、自觉的反思、丰富的智慧和笔耕不辍的毅力，更源于她对专业的热爱、对梦想的执着。

她点燃别人，也照亮了自己。

一个人，心中有了梦想，走起路来才有方向，才能欣赏到沿途的众多风景。我想，每一处风景都会激励我们不断前行。很多时候，很多人深感自己平庸，其实平庸是因为我们没有付出超人的努力。或许是努力的长度不足，我们缺少坚持到底的毅力；或许是努力的宽度不够，我们仅限于教材、教参与教辅。

工作中挫败我们的从来不是孩子们的顽皮，而是我们缺少智慧的无奈。一个富有智慧的教师会在她教书育人的生涯里，不断享受改变与进取的成就感，这种成就感催逼着她快乐地接受来自工作中的挑战。借着呼老师的光，照亮我们前行的路，去学习、去研究、去探索、去坚持……在读书中生养才气，在勤奋中涵养运气，在自省与悦纳中静静地绽放自我。

心怀安宁，躺在向日葵上去工作、去生活，去品味每一个日子里的酸酸甜甜，去品味孩子们带给我们的欢喜与忧愁。做一个优雅的教师，去成为一个有内涵的人，去做一个有智慧的能不断体味教育幸福的教育工作者。

让我们一起去努力，去成就一个精彩的自己。

这是山西运城绛县县直中学陈文丽校长在我的报告会结束时所说的一段话。2017 年 11 月，应山西运城李承俭校长的盛情邀约，我来到美丽的山西运城绛县，在县直中学做了一天的报告。报告会结束时，陈文丽校长用她那美丽而质感的语言，给我留下了一路的欢喜和感动。透过陈文丽校长无声的文字，我感觉自己仿佛又回到了那一刻的美好与盛放！

我记得鲁迅先生说过，我不说话时感到充实，我说话时感到空虚。呼老师，你呢？你不说话时，像个南瓜，那么充实；你说话时，那么满满的自信。你今晚所讲的每一个故事，都源于你自身，那么真实，那么生动，而我更加相信的是，在这些所发生的故事背后，是一种充实。

更让我感到惊奇的是，你却是一个数学老师，一个数学老师讲课，没有废词，没有多余的话语，这真的很难得。把你所说的话，记录下来，就是一篇很好的文章。

2018年1月19日，我应邀来到美丽的湖南永州，在湖南祁阳师范学校，为老师及将要走上三尺讲台的几百名大三学生，做了3个多小时的报告。结束时，贺校长幽默、风趣的总结话语，给我留下了一路的欢喜和感动。

今天又来了一个为我们授课的新老师。

像往日一样我坐到了教室的倒数第二排，但我并不是后进生，因为我的学号是95号的缘故。

视线模糊，我眼中的她是这样的：额前细碎的刘海衬得她很靓丽，头发很长半扎在后，亮晶晶的发饰让她整个人显得低调又很稳重。对了，她的眼镜很优雅地搭在鼻子上，显然这是内涵学者的装备。这种着装，并没有让我觉得她有什么不同。

就在我仔细琢磨的时候，班主任全金梁老师拿起话筒，用他那一向的低音说：呼老师的简介呢，我已经发群里了，在此我就不多做介绍了，希望大家能认真学习，学有所获。说时迟那时快，我赶紧低下头翻看群信息，读着那一串荣誉，我心里一震，看来，这个老师还是挺有来头呢！

她拿起话筒自我介绍，她的介绍从她做班主任工作开始。平凡质朴的话语，依然没能引起我的特别注意。直到她说，在她没日没夜的辛苦和努力之后，换来的却是学生的诸多不理解的话语时，我心里咯噔一下，现在的我，像极了当年的呼老师啊！

接着她说，她对学生的不理解自己，在心里埋怨着、委屈着，并在回家后，开始给爱人抱怨，且得到了爱人的深切同情。第二天，她跑到校长面前，边哭边说一大堆自带怨气的话。睿智的老校长就那样静静地坐在办公室里听她诉说，等她说完以后，才开导她说：“当班主任是一门艺术，并不是耗的时间越多，收获就越大。好的班主任一定是既能运用好的班级管理方法，也能收获幸福。打起精神来，办法总比困难多。”

呼老师的这段成长中的辛酸经历，一下子抓住了我的心。她的讲座，没有任何空洞的理论说教，更没有华丽的辞藻，她用质朴的语言和亲身经历，讲述着一个又一个她与学生之间的教育故事，时而幽默诙谐，时而简单朴素，时而让人心疼不已，时而又让人捧腹大笑，更多的是她所带给我们的教育思考，让我们在座的每一个听课老师都赞不绝口，停不下掌声。

“教育，虽然平淡、普通，但不简单，也很灵动。做好，就是不平凡。”呼老师讲述的一个又一个教育案例及她所遭遇的困难和解决问题的智慧，让我折服，也让我相信，我也可以做一只黑夜中闪光的萤火虫，护送我的“小蚂蚁”们平安回家。

初为人师，我很幸运地遇到了呼老师，我愿把我满腔澎湃的激情及对未来无限的憧憬，都给予我所热爱的教育事业。也许以后我也会遭遇职业的倦态，但愿为了阳光明媚的少年们，迎难而上，做一个更好的自己。

2017 年 11 月 16 日，我应河南师范大学全金梁老师的盛情邀约，在河南师范大学继续教育学院，给“国培计划”河南省中小学班主任培训班讲座后，年轻的张申丽老师，为我写下了这些暖心的文字。

让自己在悦纳和自省中绽放，我一直坚守在路上。

后 记

出生在教师家庭的我，曾因家中兄弟姐妹比较多，初中毕业时，迫于生活的无奈，我被做教师的父亲偷偷更改了毕业志愿。从此，我便踏上了教育的“不归路”。

深深记得，那是 1985 年的秋天，那个在我看来一点都不美好的秋天，14 岁的我，以优异的中考成绩被师范学校录取，带着错失就读重点高中的深深遗憾，带着对父亲偷偷更改志愿的满腹怨气，也带着矛盾与纠结心理，无奈地走进了师范学校的大门。

虽然后来我也曾通过自己的努力和拼搏，有幸读了大学数学系，但对父亲偷偷为我铺设的早早走向教育之路，多年来，我一直都耿耿于怀。尽管我也知道，当年的父亲也是迫于生活的压力，才做出这样无奈的选择，但青春年少的我，很长一段时间里都不愿放下，也不肯原谅自己的父亲。

还因为，从小在教师家庭长大的我，看多了做教师父母的辛苦与忙碌，也听多了身边一些朋友对教育工作酸苦的诉说。在初为人师的很长一段日子里，我曾多次产生想要逃离教育的想法，但当我有机会考进大学，当我再次收拾好青春的行囊，走出师范学院的大门，第二次踏上三尺讲台，尤其是在我初为人师的年轻岁月里，在我与青春期的学生们朝夕相处的点点滴滴中，我开始真切地感受到了教育的美好。猛然发现，原本的我，就是为教育而生。从小在教师家庭长大的我，最适合做的，除了教师还是教师。所以我最终选择了在这条路上无悔地坚持与坚守。

20 多年的教育生涯，18 年的班主任工作，虽然我也曾走过不少的弯路，也曾遭遇过同事、学生、家长的诸多不理解，但值得庆幸的是，自己从来不曾放弃。我一路走来，虽也饱受了诸多的辛苦，但今天当我再回首时，充溢内心的却是满心的欢喜和感动。感动于自己一次又一次与青春期学生的相遇、相守，欢喜的是自己在一场场师生的喜悦相逢中，逐渐由青涩走向了成熟，由迷茫走向了敞亮。

曾经的我，很多次把自己与青春期学生之间的故事讲给一位非常优秀的语文教师朋友听，每每她都会极力鼓励我：“把你和你的那些青春期学生之间的故事，还有你做班主任曾经走过的心路历程，用文字记录下来吧，把它们结集出版，以带给更多的老师启迪和思考。”虽然，我也曾陆续在各大报刊发表过几十篇文章，但我深知，写书，对于我这位数学老师来说，真的需要勇气。

所以，我迟迟未敢动笔。

再后来，因一次偶然的机缘，我遇到了大象出版社梁金蓝老师，因梁老师对我的写作注入了很多的鼓励和期待，所以也才有了今天这本书的结集出版。

这本书的写作，于我写得比较缓慢、比较艰难；就时间而言，这本书的写作，断断续续写了一年多的时间，战线可谓拉得比较长，中间也曾因为思维的枯竭和工作的繁忙，而中断了好几次。还因为，2018 年这个学年，我的工作的确很忙碌，这一年，我选择把自己“种”在数学课堂里，选择让自己在黑板前长久站立。只因我太期待自己能在数学专业教学方面有一个较大的提升，所以我把更多的时间和精力用在了数学课堂上。

这一年，我先后担任了两个高三艺术班的数学课，每天的备课、上课、批改作业、辅导晚修，几乎挤满了我所有的上班时间。这样的辛苦，这样的劳碌，这样的奔波，真的让我无暇关注自己的写作。这一年，也是我频繁外出讲课、做讲座最多的一年。这一年，我在全国各地做了近百场讲座，假期、双休日，几乎都被外出讲学所挤占。这一年，我行走的足迹遍布祖国的大江南北。这一年，我在一路分享自己教育故事的过程中，也收获了很多教育智慧和幸福。在收获幸福的同时，我也开始更多地回望曾经的班主任工作，关注自己对青春期学生故事的进一步收集和整理。于是，我学会了边行走边思考，边打捞边梳理。

当然，在分享思考梳理的过程中，我既得到了很好的历练和提升，也看到了自身学养的缺失和不足。于是，在这本书的写作过程中，我曾多次有过想放下笔、停滞不前的想法。还因为，我深知在目前的全国教育领域，有着太多优秀的教育同人，而我的不断行走、持续教育写作、在优秀同行面前的不断述说、不断分享自己教育故事的心路历程，似乎也经常让我有一种不自量力、班门弄斧的感觉。

是的，中国有句成语叫“班门弄斧”。意思是说，一个人在行家面前卖弄本领，是一种不自量力。一次偶然的机会，我读到华罗庚教授的一句话：“弄斧一定要到班门。”他的这句话，从另一个侧面来讲，也给了我写作的信心和勇气，同时也让我明白，做教师、做班主任，我们更要有敢于班门弄斧的勇气。因为，只有我们敢于班门弄斧（献技），才能更好地提升自我。如果在弄斧的过程中，能遇到鲁班，能得到鲁班的一些指点，那么我们的进步就会更快些。如果鲁班点头称许，那对我们攀登高峰，亦可增加信心。

曾经，我深怕所处地域的局限和自身视野的狭隘，会限制自己的思维和眼界，但不断行走，不断被邀约，不断收获和不断得到全国各地教师的鼓励和肯定，让我有了一种成长的自信。尤其是偶然读到华罗庚先生的这句“弄斧一定要到班门”，让我有了持续写这本书的勇气，有了敢于班门弄斧的勇气。

虽然，我在行走、写作的过程中，还是会不断生发出“弄斧在班门”的自卑感，但在一路行走、持续写作的过程中，我总是在不断地得到高人的指点。其间，大象出版社梁金蓝老师对我的信任和期待，教育部督学武汉彭敦运老师对我的督促，山东郑立平老师对我的引领，南京师大张爱军博士对我的持续关注，郑州十九中杨卫平老师对我的帮扶，安徽亳州吴守涛校长对我的信任等，都给了我继续写作的勇气和动力。

当然，给予我更多关爱和支持的，还是我的学校领导和同事。学校领导杨柏松主任和吴国平校长给予我的欣赏和鼓励，使我不断得以成长；数学组伙伴们的支持，使我有了更多的信心和勇气。更要感谢的是我的家人，我的父母、我的爱人、我的孩子、我的兄弟姐妹等，都给予我的写作以很多的关注、理解和支持。没有他们的理解和支持，也许就没有这本书的结集出版。

我深知，在全国教育界，优秀的同人真的很多很多，而我只不过是千千万万普通教师中的一员。也许我的文字、我的思考还很稚嫩，就像一个羞涩的小姑娘第一次走进婆婆家一样，可能会略显拘谨，但它毕竟彰显的是我这样一个数学老师第一次走进无声文字世界的一种勇敢，所以期待正在读此书的你，能给予我这位数学老师以更多的理解、关爱和支持。

不惧挫败，才能变得强韧！一如张爱玲在《非走不可的弯路》的结尾所写：“在人生的路上，有一条路，每个人非走不可，那就是年轻时候的弯路。没有这一成长过程，就没有真正的成长。”虽然，我的成长、我的写作也经历了一些弯路，但我深知，这是我成长路上的盛典，也是我成长的必经之路。走过，对我而言，既是一种欢喜，也是一种无悔。尽管，我一路走来，行走得跌跌撞撞，尽管，我的成长之路，有过挫败的沮丧，但我一路走来，更多的还是坚强。

此时，又是一个深夜，这样的深夜，有过很多，但今天，在这样一个美好的夜晚，当我敲下这篇后记的最后一行文字，合上电脑的瞬间，我也把自己的文字定格在了冬天的美好里。此刻，我怀揣美好，鞠躬，致谢！致谢辛勤努力的自己！致谢所有陪我一起走过的亲人、朋友！致谢用心读完我的每一个文字的你！

呼宝珍